VIVIR DESDE EL AMOR

108 ejercicios prácticos
para aprender a vivir mejor

VIVIR DESDE EL

108 ejercicios prácticos

para aprender a vivir mejor

GERARDO ROMERO POZO

No se permite la reproducción total o parcial de este libro, ni su almacenamiento en un sistema informático, ni su transmisión por cualquier procedimiento o medio, ya sea electrónico, mecánico, por fotocopia, por registro o por otros medios, sin permiso previo y por escrito de los titulares del copyright.

«Cualquier forma de reproducción, distribución, comunicación pública o transformación de esta obra solo puede ser realizada con la autorización de sus titulares, salvo excepción prevista por la ley. Diríjase a CEDRO (Centro Español de Derechos Reprográficos, www.cedro.org) si necesita fotocopiar o escanear algún fragmento de esta obra».

© Del texto: Gerardo Romero Pozo
© De esta edición: NPQ Editores 2017
Email: edicion@npqeditores.com
www.npqeditores.com

Primera edición: Julio 2017
Segunda edición: Octubre 2017
Impreso en España
Los papeles que usamos son ecológicos, libres de cloro y proceden de bosques gestionados de manera eficiente

ISBN: 978-84-947038-7-4
Depósito legal: V-2078-2017

*A mis hijos Gerard y Javi
por su especial contribución,
por ser mi inspiración*

*A mi mujer, Marisol, por estar siempre ahí,
por sostenerme, por amarme sin condiciones*

ÍNDICE

PRÓLOGO **11**
INTRODUCCIÓN **13**

PRIMERA PARTE: LOS PENSAMIENTOS **21**

1. Positivar y Positividad **26**
    El efecto positividad 26
    El efecto de positividad 31
2. Medir tu nivel de Positividad **32**
    Afirmaciones positivas 33
    La fuerza de las declaraciones 35
3. Pensamientos y Positividad **38**
    Tus creencias 39
4. Optimismo **43**
    Cómo pasar del pesimismo al optimismo ... 43
    El credo optimista 47
    Los 8 principios de los optimistas pragmáticos ... 48
    Estrategias para promover el optimismo ... 50
5. Claves para ser una Persona Positiva **58**
    Beneficios de la positividad 62
6. El Efecto Heliotrópico **64**
7. Efecto Placebo **66**
    El placebo y las creencias 69
    Condicionamiento del entorno 71

SEGUNDA PARTE: LA ACTITUD **75**

1. El poder del Camarero **79**
2. Cómo lograr una Actitud Positiva **82**
3. Actitud y Emociones Positivas **87**
    La clave está en tu propia actitud 89

4. Expresar Gratitud para ser Feliz 93
5. Responsabilidad Personal 97
    Proactividad vs. Reactividad 100
    Víctima o responsable 105
    Responsabilidad personal y cambio 108

TERCERA PARTE: LA CONFIANZA 117

1. Confía en ti Mismo 123
2. Confía en los Demás 128
    Confianza simple o alimentada 135
    La esperanza 136
3. Comprométete 137
4. Entrena la Buena Suerte 142
    Maximiza tus oportunidades 143
    Presta atención a tu intuición 146
    Sé positivo en tus expectativas 147
    Convierte tu mala suerte en buena 149
5. Construye tu Sueño 154

CUARTA PARTE: EL AMOR 157

1. El amor es la Fuente 161
2. Inspiración para el Cambio 169
    Superar el miedo 170
3. Aprender a Amar 175
    Amar es darlo todo 179
    Focaliza el amor 181
    Amor auténtico 182
4. Ley de la Causa y el Efecto 185
    La experiencia de fluir 187
5. Emociones Positivas y Amor .... .189

CONCLUSIONES 195

ÍNDICE DE EJERCICIOS: VIVIR DESDE EL AMOR 203

PRÓLOGO

Es de valientes hablar de amor mientras, aparentemente, el miedo domina a nuestra civilización. Es de valientes escribir un libro en el que compartir cómo vivir desde esa energía sutil y brillante que todos anhelamos pero que no es nada fácil de gestionar. Valiente, contiene en sí al valor y a los valores y en este libro encontrarás ambas cosas en amplias dosis.

Vivir desde el amor es una obra que, de manera práctica y sin ambages, nos acompaña en el camino del bienestar personal, sin florituras, sin romances, sin excentricidades. Un libro que puedes leer de muchas maneras, a sorbos, a tragos, con papel y boli cerca o simplemente abriéndote al momento y experimentando cada uno de los **108 ejercicios prácticos para aprender a vivir mejor** que el autor va desgranando en sus páginas.

Un libro como este, no hubiera sido posible si no se hubiese creado desde la humildad, tampoco si no hubiera sido escrito desde la constancia y, como me refería al inicio, también contiene grandes dosis de valentía por tratar el tema que trata.

Justamente humildad, constancia y valentía son algunas de las cualidades que destacaría de Gerardo Romero. Me consta el trabajo de años que le ha llevado recopilar todo lo que ha ido experimentando y aprendiendo en esta obra de síntesis que te va a permitir, de manera muy práctica, hacer todo un recorrido de crecimiento desde territorios tan amplios como el pensamiento, la actitud, la confianza o el propio amor.

Cuando se habla de amor surgen siempre resistencias porque es un término que produce confusión. El amor romántico (eros) ha sido ensalzado por novelas y películas, pero todos sabemos que contiene un marcado carácter egoico. Por el contrario, el amor incondicional (ágape), ese que no espera nada a cambio, ese que nos resulta difícil, que supone cada día un reto, ese que nos hace entregarnos, regalarnos, abrirnos con confianza a la vida, ese AMOR, es desde el que Gerardo nos quiere acompañar. El objetivo es que alcances esa perspectiva del vivir que te hará feliz, la perspectiva del darte completamente desde lo que fuiste, eres y serás en esencia.

'Llena tu vida de amor hacia todo lo que te rodea y notarás cómo tu vida mejora en todos los sentidos.' Gerardo Romero

A mí, que fui niño en los 80, me gusta emplear la metáfora del Cinexin para explicar la idea de que lo que vives es aquello que rumias dentro. La pared blanca es tu vida, la película que llevas dentro sale por tu proyector personal y te devuelve la misma historia que has estado cociendo dentro de ti, pero ampliada. Si en tu interior hay amor, verás una película que te demostrará amor, si solo tienes preocupación, dolor y miedo, tu película se tornará oscura y grave.

De ahí que sea tan interesante leer libros como el de Gerardo que te hacen un chequeo completo a tu Cinexin particular para que, pasito a pasito, vayas modificando ese guion interno y proyectes ante ti una obra amorosa, brillante y apacible, digna de un Oscar a la mejor dirección.

'Te darás cuenta que, en la vida, te pasas todo el tiempo aprendiendo a amar' Gerardo Romero

Vivir desde el amor habla de aprender a amar, el máximo propósito de una vida plácida. Para amar has de recordar quien eres, volver a conectar con esa Fuente de sabiduría que todo lo crea y que tiene como idioma el amor. Aprender a amar es el reto y vivir desde el amor la meta. Cada uno tiene sus lecciones que aprender, sus momentos, sus etapas, sus rabietas, disgustos y crisis, pero también sus alegrías, euforias y felicidades, todo forma parte del proceso de aprender a amar.

Te invito a que disfrutes de este libro y que aproveches todo el conocimiento que abarca, para que te sea más fácil a partir de ahora vivir desde la perspectiva del amor.

Haz crecer el don más preciado que tienes y permite que todo el mundo se contagie de él.

'El amor es el estado del ser. Tu amor no está fuera de ti, sino en ti. Tú no puedes perderlo y él no puede dejarte'. Eckhart Tolle

Arnau Benlloch
Periodista especializado en la Inspiración para el Cambio
www.arnaubenlloch.com
@arnaubenlloch

INTRODUCCIÓN

No es casualidad que tengas este libro entre tus manos y estés comenzando a leerlo; yo diría más bien que es causalidad. Todo lo que te sucede en la vida es la causa de tus pensamientos convertidos en emociones que se transforman en acciones y producen unos determinados resultados. Tu forma de pensar y de actuar te han llevado a adquirir este libro y confío poder ayudarte, mediante su lectura, a que consigas un nivel de consciencia más elevado.

Si es tu pretensión cambiar los resultados que estás obteniendo, no tienes más remedio que cambiar tus pensamientos. Tus pensamientos son los que crean tu realidad, lo creas o no. Antes de hacer realidad un proyecto, tienes que imaginarlo pensando en ello. Antes de realizar una acción, tienes que pensar qué vas a hacer, aunque solo sea durante milésimas de segundo, porque estás reaccionando a un estímulo del exterior. Antes de sentir una emoción, es un pensamiento el que te lleva a ello. Siempre es tu pensamiento el iniciador de todo. Tu mente no deja nunca de pensar, al igual que tus pulmones no dejan de respirar o tu corazón de latir para bombear la sangre que corre por tus venas. Únicamente las personas que practican mucho la meditación dicen que consiguen dejar la mente en blanco, algo que yo, de momento, considero muy difícil para mí.

Lo que sí puedes hacer es facilitar que tus pensamientos sean los que tú quieras tener. Puedes convertir tu forma de pensar en una habilidad, y como tal, entrenarla para tu mayor beneficio y el de las personas que te rodean. Cuando consigues que sea así, tienes mucho ganado; puedes hacer que cada día sea como tú quieres y que cada momento te lleve a ser más feliz.

Para ayudarte en tan gran empresa vas a necesitar mejorar tu actitud: tu manera de ser, tu forma de actuar, tu manera de comportarte... Todo eso es la actitud. Mejorar tu actitud requiere que pongas mucho de tu parte, ya que es algo que desarrollas a partir de tus pensamientos y de las emociones producidas por estos. Cuando crees que no tienes la actitud adecuada y eres consciente de que necesitas cambiar, has de pensar que únicamente lo puedes conseguir haciendo posible un cambio de observador, un cambio de perspectiva de la situación que estás viviendo. Claro que es posible cambiar tu actitud. Desde el mismo momento en el que tienes un nivel de conciencia que te hace ver la necesidad de ese cambio, ya estás propiciándolo o iniciando el proceso para que ocurra. Tu actitud determina cómo inicias tus acciones y cómo consigues tus resultados. Tu actitud es determinante para que puedas desarrollar tu talento.

Tú tienes un gran talento, aunque en estos momentos no seas consciente de él. Tu talento puede ser un gran potencial para llegar a ser quien quieres ser, aunque es tu actitud la que va a posibilitar que lo pongas en marcha. Tu entusiasmo, tu ilusión, tus ganas, tu determinación y tu pasión van a ser mucho más productivas si las dotas de una buena actitud. Con una actitud positiva todo te va a resultar más fácil, todo lo que hagas te va a llenar de energía positiva que va a producir más pensamientos positivos que generen emociones positivas, que redunden en una mejor actitud.

Para continuar en este proceso de mejora continua todavía te falta una facultad fundamental, uno de los valores más importantes de la vida: la confianza. La confianza es la esperanza que tienes en que algo suceda como tú quieres que suceda. Es la seguridad que tienes en ti mismo y es la creencia que depositas sobre la forma de ser de una persona determinada. Para mí, estos son los tres tipos de confianza que te pueden ayudan a vivir: confiar en ti mismo para conseguir una mayor autoestima; confiar en los demás, pues has de pensar que somos seres sociales y no puedes entender una vida sin interactuar con seres vivos, y confiar en la vida teniendo la esperanza de que todo va a salir bien.

Sin confianza te vuelves temeroso, receloso, suspicaz, incluso mal pensado y malicioso. La desconfianza te lleva directamente al miedo, y no hay nada peor que vivir desde el miedo. Viviendo desde el miedo te conviertes en una víctima de las circunstancias, dejas de tener poder sobre tus actos, vives de manera reactiva hacia todo lo que te acontece, te vuelves irresponsable, dejas de confiar en ti mismo, piensas que todo el mundo está en contra de ti y que la vida te ha abandonado. Dejas de arriesgarte por nada ni por nadie y empiezas a ver la vida pasar sin hacer nada por remediarlo.

Lo contrario a vivir desde el miedo es vivir desde el amor, ya que solo hay dos formas de vivir la vida: desde el amor o desde el miedo. Cuando actúas viviendo desde el amor, dejas de juzgar a las personas y a las circunstancias que te rodean, dejas de compararte con nadie, tienes suficiente confianza en ti mismo como para sentirte satisfecho con lo que haces, confías en las personas que te rodean y las miras desde el amor; por supuesto, confías en la vida, en que todo lo que te llega es lo mejor que te puede llegar, incluso cuando el resultado no es el que esperabas. Aceptas que lo que te ocurre es lo que tienes que experimentar en ese momento para realizar el aprendizaje necesario y seguir tu tránsito por la vida.

No tomas decisiones precipitadas, actúas de manera proactiva, siendo tú el que determina las acciones a realizar en función de tus preferencias y acordes con el bien común. Empiezas a pensar en los demás y en el medio que te rodea de una manera más bondadosa. Estos pensamientos de bondad hacen que se produzcan en ti sentimientos positivos de colaboración, solidaridad y amistad. Las emociones positivas derivadas de esos sentimientos te llevan a actuar desde la confianza y a provocar momentos felices en tu vida.

La felicidad es la sensación subjetiva de satisfacción personal. Por ello está concentrada en pequeños momentos que te hacen tener esa sensación. Momentos en los que experimentas gozo y disfrute. Como decía Aristóteles, la felicidad más que un estado es un estilo de vida. Vivir desde el amor es crear ese estilo de vida en el que puedes sacar a relucir las virtudes necesarias para encontrar momentos de felicidad.

La pretensión de este libro es que seas consciente de la importancia de vivir desde el amor, vivir desde la plenitud de conseguir ser y hacer lo que has venido a ser y hacer a esta vida. Para ello, harás un recorrido por los pensamientos, la actitud, la confianza y el amor. En cada una de estas cuatro partes encontrarás varios ejercicios prácticos para realizar de manera individual que te llevarán a adquirir un nivel de consciencia posibilitador. Fíjate bien que hablo de consciencia y no conciencia. La diferencia es que la consciencia define tu ser, es el conocimiento de ti mismo y de lo que te rodea en base a lo que eres, mientras que la conciencia es el «Pepito grillo» que llevas dentro, tu capacidad de distinguir el bien del mal, de conocer lo que te rodea en base a tus sentidos.

Se trata de un libro fruto del análisis personal durante más de cinco años en el que expongo experiencias personales biográficas que me han llevado a realizar determinadas acciones para conseguir unos resultados concretos. También verás que hay varios cuentos a modo de metáfora que te servirán para aclarar conceptos. Lo más importante es que se trata de un libro muy práctico en el que puedes realizar hasta 108 ejercicios con los que desarrollar los pensamientos, la actitud, la confianza y el amor necesarios para vivir la vida que mereces.

La forma más efectiva para conseguir sacarle el mayor jugo posible al libro que tienes entre tus manos es realizar una lectura rápida para entender los conceptos a los que hago alusión, y luego realizar una lectura más pausada, con libreta y bolígrafo en mano, practicando cada uno de los ejercicios propuestos. Se trata de ejercicios que yo he realizado o practico de manera habitual y que me ayudan a vivir mejor, a vivir desde el amor.

En la primera parte, LOS PENSAMIENTOS, analizo la forma de pensar, las diferentes maneras de pensar y sus consecuencias. La importancia de la positividad en la vida y la forma que tenemos para medir el nivel de positividad. Lo poderosas que son las creencias para determinar los pensamientos y cómo pueden ser determinantes en la manera que te desenvuelves en la vida. El optimismo como modo de vida, cómo pasar del pesimismo al optimismo de una manera sencilla para mejorar la forma de pensar y algunas estrategias para promover el optimismo en tu vida cotidiana. Te hablo de los beneficios de la positividad y de las claves para ser una persona totalmente positiva, finalizando con la importancia que tiene el efecto placebo en la mente para condicionar todo tu entorno.

Durante la segunda parte te ofrezco mi experiencia con LA ACTITUD y cómo lograr tener una actitud positiva me ha ayudado a prosperar en mis emprendimientos. Te hablo de la importancia de las emociones positivas relacionadas con tu actitud; de la gratitud, para mí uno de los valores necesarios y fundamentales en la vida, de la responsabilidad personal y de la consideración de generar una actitud proactiva para no convertirte en una víctima del sistema.

La tercera parte es LA CONFIANZA. Con la confianza no se juega, la confianza es el valor más importante para funcionar adecuadamente en la vida. Te hablo de los tres tipos de confianza: en ti mismo, en los demás y en que todo va a salir bien. Seguidamente expongo la conveniencia del compromiso; a mis clientes siempre les digo que sin compromiso no hay *coaching*. El compromiso es un elemento fundamental para el aprendizaje. El compromiso requiere que hagas ciertas elecciones en tu vida en detrimento de otras, que priorices según tus preferencias. Luego te hablo de cómo entrenar la buena suerte para conseguir confiar, la buena suerte es la que aparece cuando se generan las circunstancias apropiadas para que ocurra algo positivo, para finalizar con un ejercicio muy poderoso que me ayudó en una etapa difícil de mi vida, la construcción de tu sueño.

La cuarta y última parte es la más importante y valiosa que vas a encontrar: EL AMOR. Comienzo explicando la importancia de estar conectado a la fuente. Seguidamente expongo algunas acciones que llevan a la inspiración para al cambio, tanto de pensamiento como de actitud, la importancia de aprender a amar estando focalizado en el amor. Otro punto importante es ser consciente de la ley de la causa y el efecto para aprender a fluir con la vida. A continuación, expongo la teoría de la ampliación y construcción de las emociones positivas, resaltando el amor como la integración de todas ellas, para finalizar con la importancia del perdón como liberación del dolor y el resentimiento.

A modo de conclusión, expongo algunas aclaraciones del concepto AMOR, de las emociones positivas relacionadas con el amor, haciendo un repaso por los conceptos desarrollados en el libro y lo que significa vivir desde el amor, concluyendo con un listado en el que verás cincuenta y siete maneras de amar mediante pequeños gestos o detalles que pueden resultar grandes cambios en el mundo.

Gerardo Romero Pozo
Junio de 2017

Para comenzar te propongo un ejercicio que consiste en que respondas a una serie de preguntas de coaching antes y después de la lectura del libro. Si eres sincero contigo mismo en las respuestas vas a poder comprobar la diferencia que encuentras entre unas y otras. Si respondes la segunda vez tras haber realizado todos los ejercicios, te aseguro que notarás un cambio increíble que puede ser muy determinante en tu vida.

Coge papel y bolígrafo, escribe a mano cada una de las respuestas, sin pensar demasiado, casi de manera automática tu mano irá escribiendo lo que le dicte tu mente. Soy un gran defensor de la escritura manual, ya que creo en el poder terapéutico que tiene, sobre todo cuando escribes sobre ti mismo.

Preguntas de *COACHING*

¿Qué tipo de pensamientos tienes habitualmente?
¿Cómo te ves a ti mismo en estos momentos?
¿Qué haces para levantarte con energía por las mañanas?
¿De qué manera te hablas a ti mismo?
¿Cuáles son las emociones que tienes habitualmente?
¿Qué creencias piensas que te están limitando?
Del 1 al 10, señala tu nivel de optimismo.
¿Qué te falta para llegar al 10?
¿Qué es lo que quieres conseguir?
¿Qué necesitas para conseguirlo?
¿Qué puedes cambiar para lograrlo?
¿Para qué quieres conseguir ese objetivo?
¿Cuáles son tus fortalezas?

¿Qué haces bien y podrías mejorar?
¿Qué actitud tienes ante la vida?
¿Cómo puedes mejorar tu actitud?
¿Cómo te muestras cuando interactúas con los demás?
¿Qué puedes hacer para que tus relaciones mejoren?
¿Qué haces para relajarte?
¿Por qué estás agradecido en estos momentos?
¿Qué haces para sentirte protagonista y no víctima?
¿Cuál es el nivel de responsabilidad de tus acciones?
¿Qué haces para confiar en ti mismo?
¿Cuánto confías en los demás?
¿Cómo puedes mejorar tu compromiso con la situación que te preocupa?
¿Qué expectativas tienes cuando inicias algo?
¿Qué es para ti el amor?
¿Qué harías si no tuvieras miedo?
¿Para qué juzgas a los demás?
¿Qué has logrado en tu vida de lo que te sientas orgulloso?
¿Cómo sueles perdonar los agravios?

PRIMERA PARTE

LOS PENSAMIENTOS

*Quien no se resuelve a cultivar el hábito de pensar,
se pierde el mayor placer de la vida.*
THOMAS ALVA EDISON

*Lo que una persona piensa de sí misma,
esto es lo que determina, o más bien indica, su destino.*
HENRY DAVID THOREAU

*Tanto si piensas que puedes como si piensas
que no puedes, estás en lo cierto.*
HENRY FORD

*Ni tu peor enemigo puede hacerte tanto daño
como tus propios pensamientos.*
BUDA

*Si la gente nos oyera los pensamientos,
pocos escaparíamos de estar encerrados por locos.*
JACINTO BENAVENTE

Tus pensamientos pueden cambiar tu vida. La primera vez que oí esta frase me pregunté: ¿cómo puede ser? Simplemente pensando, ¿puedo cambiar mi vida?, he podido comprobar la certeza de esta afirmación. Si pones atención a tus pensamientos, te darás cuenta que eso en lo que piensas es lo que más se da en tu vida. Con tus pensamientos creas tus experiencias. Si eliges pensamientos que te hacen sentir bien, el bienestar aparecerá en tu vida. Si eliges cambiar tus pensamientos negativos por pensamientos positivos, tu vida mejorará considerablemente.

Mi padre es la primera persona que me ha influido para fijarme siempre en lo positivo en detrimento de lo negativo. Es un hombre que no pudo estudiar, ya que desde muy pequeño tuvo que trabajar para contribuir al sustento de su familia. «Sé leer y escribir, y hacer algunas cuentas», dice él. Una vez me contó de qué manera pudo aprobar el permiso de conducir sin saber cómo estudiar; me estoy refiriendo a la parte teórica. Nadie le enseñó cómo debía hacerlo, aunque le dijeron que lo importante era aprenderse el libro de teoría. Mi padre vio que se trataba de un libro bastante denso y pensó en la manera de reducirlo. Lo que hizo fue subrayar solo las repuestas correctas de la teoría y olvidarse de las incorrectas. «Para qué me iba a fijar en las que no valían», me decía. Y así, fijándose solo en la parte positiva, fue como consiguió aprobar ese examen, que fue el primero de su vida.

De esa manera, con esta técnica de motivación positiva, mi padre me enseñó la importancia de fijarme en lo positivo frente a lo negativo. Y es algo que desde aquel momento he tenido muy presente en mi vida.

1. POSITIVAR Y POSITIVIDAD

En fotografía, positivar es obtener un positivo a partir de un negativo. Esta acción también la puedes aplicar a tu vida diaria, puedes transformar en positivo todo lo negativo que te acontece generando emociones positivas en lugar de negativas, manteniendo una actitud positiva, transmitiendo buen humor o fomentando el optimismo. En definitiva, siendo más positivo. Tienes la posibilidad de transformarte en un positivador, una persona que genera positividad. Se trata de cambiar todo lo negativo por positivo, así de simple y así de difícil a la vez. Siendo un positivador estarás viviendo desde el amor, desde la fuente, desde la energía poderosa que todo lo puede; estarás fluyendo con la vida.

El efecto positividad

Tras esta aclaración puedo afirmar que para mí, el efecto positividad es el fenómeno mediante el cual transformamos cualquier cosa negativa en positiva. Hay personas que tienen una gran habilidad para ello; así, hacen que todo a su alrededor parezca mucho mejor de lo que es. Ellas saben transformar los efectos negativos que se derivan de acciones o actitudes de otros en cosas positivas que te van a ayudar a vivir desde el amor. Los humoristas, payasos, mimos, monologuistas, *clowns*, cómicos y todo tipo de profesionales dedicados a hacernos reír son verdaderos especialistas en provocar este efecto. Son personas que convierten cualquier situación negativa en positiva, que te hacen ver las cosas de manera diferente para que les encuentres el lado positivo. Pienso que el humor es algo sublime y que las personas que se dedican a ello son verdaderos profesionales que consiguen cambiarnos la vida aunque sea por un tiempo determinado (el tiempo que dura la función). Creo que los profesionales de la risa están infravalorados, ya que su función en la vida es más importante de lo que generalmente piensa mucha gente. Y el efecto de la risa es duradero y comporta múltiples beneficios:

- **Beneficios psicológicos:** Libera tensiones, favorece la creatividad. Se reducen los niveles de hormonas del estrés como el cortisol y la adrenalina.
- **Beneficios físicos:** Diferentes estudios muestran que el buen humor eleva el umbral de tolerancia al dolor. Se considera una especie de analgésico.
- **Beneficios sociales:** Si estás de buen humor, estás más motivado y predispuesto para ayudar a los demás.
  * El goce que proporciona la risa es comparable al orgasmo sexual.
  * Al reír a carcajadas mueves 420 músculos del cuerpo y entre ellos agitas los músculos del corazón.
  * Los niños suelen reír unas 300 veces al día, los adultos entre 15 y 20.

Por todo ello, no lo pienses más, vuelve a ser el niño que eras y ríe.

Algunos humoristas se ríen de cosas negativas y hacen que las veas desde otro punto de vista y te parezcan mejores. Por ejemplo, a la mayoría de personas les molesta hablar de la muerte y sobre todo, les aterra hablar de su propia muerte. Escuchando un monólogo sobre la muerte te va a ser más fácil tener una conversación sobre este tema, ya que le ha quitado hierro a la cuestión. La ha positivado.

Aquí tienes un ejemplo de cómo trata la muerte un cómico durante uno de sus monólogos:

Morirse es fácil, cualquiera puede hacerlo sin tener que realizar un cursillo on line. Incluso te mueres sin tener ganas. Nadie nos enseña cómo tenemos que morir, es algo que hacemos de manera autodidacta.

Hay personas que habitualmente realizan esta tarea de positivarlo todo. Muchas de ellas sin darse cuenta, ya que es algo innato que tienen. Resulta que la mayoría de optimistas lo son por naturaleza. Van transformando todo lo negativo que encuentran a su paso en cosas positivas que te pueden ayudar. No hace falta ser humorista o dedicarse a alguna profesión relacionada con la risa para ser un positivador. Simplemente hay que ser optimista y creer de verdad que todas las cosas tienen un lado positivo. Y saber encontrar esa parte que te haga ver la situación desde una mirada en la que puedas sacarle mayor beneficio, vivirla desde el amor. Si ves la parte negativa es porque no crees que la situación pueda tener ningún beneficio para ti. Si eres capaz de ver la parte positiva es cuando vas a encontrarle características que se traduzcan en aportes beneficiosos.

Existen otros especialistas en provocar el efecto positividad. Son personas que se empeñan en generar optimismo y buscar motivos para que puedas disfrutar con lo que haces. Porque la motivación es precisamente eso, tener motivos. Cuando tienes motivos para realizar algo aumentan las posibilidades de poder alcanzar tu objetivo. Algo te impulsa a llevar a la acción las tareas necesarias para conseguirlo. Yo diría que estas personas se convierten en motivadores extrínsecos que te hacen seguir esforzándote con persistencia para que seas capaz de conseguir resultados que no conseguirías por ti mismo. Ya he hablado de todos los profesionales de la risa que son, por excelencia, verdaderos artífices del efecto positividad. Además, hay otros que también realizan un gran aporte para conseguir este efecto en la sociedad, otros profesionales que te van a enseñar cómo vivir desde el amor. Por ejemplo, todas las personas relacionadas con el desarrollo personal, como son los *coaches*, escritores, terapeutas, profesores, maestros, libreros, orientadores, mentores, y de otras profesiones, como los músicos, actores, intérpretes, presentadores de TV y todas las personas que pueden impulsarte a desarrollar mejor tus habilidades personales y tus fortalezas, mejorando la calidad de vida y contribuyendo a la realización de tus mejores sueños.

Como dice *El Talmud*,
«*No vemos las cosas como son, vemos las cosas como somos*»

Las personas dedicadas al desarrollo personal son especialistas en conseguir que tengas un enfoque diferente para que desarrolles todo tu potencial y veas las cosas de otra manera. Es tu trayectoria, tus creencias, tus costumbres culturales y familiares las que van a determinar cómo ves el mundo. Como se suele decir, el mapa no es el territorio, y es que no sabes realmente cómo son las cosas, solo sabes cómo las interpretas. Basándote en esta explicación, es de la manera que vas a reaccionar ante todo lo que te ocurra. Así, vivirás desde el amor o desde el miedo. Tú eliges.

Un *coach* va a generar en ti la confianza necesaria para que seas capaz de tener ese cambio de observador, acompañándote en el proceso. Un escritor, con su relato, te va a hacer visionar otras alternativas distintas. Un terapeuta te puede hacer ver dónde te estás equivocando para que mires hacia otro lado. Un profesor y un maestro, con sus enseñanzas, te pueden abrir nuevos horizontes. Un librero te puede indicar ese libro que necesitas. Los orientadores y mentores te van a dirigir por el camino que ellos creen el más correcto para llegar antes. Todos estos profesionales te ayudan a conseguir que tu desarrollo personal sea el más óptimo. Eres tú el que tienes que determinar cuál de ellos es el más idóneo para cada momento de tu vida.

Los profesionales del mundo del espectáculo también te pueden provocar el efecto positividad, ya que puedes tender a imitar a tus ídolos y ellos, con sus interpretaciones en música, cine, televisión o teatro, van a enseñarte el camino para que puedas ver la parte positiva del mundo que te rodea. Cuando escuchas una canción que te gusta cambia tu emoción y te sientes mejor. Al visionar una película te puedes sentir identificado con algún personaje y considerarte mejor. En el teatro sientes la emoción de la interpretación y la haces tuya.

Algunos profesionales realizan acciones exclusivamente para promover la positividad. Me estoy acordando del programa de televisión de Antena 3, *El Hormiguero*. El director de dicho programa, Pablo Motos, inició una campaña para promover la positividad que tuvo mucha repercusión y aún sigue teniendo miles de visitas en Youtube. Me estoy refiriendo a la campaña «Dale la vuelta a la tortilla». En ella, Pablo Motos y muchos de los famosos que han visitado *El Hormiguero*, grabaron un video optimista transmitiendo un mensaje de esperanza para cuando las cosas no salen como tu esperas. Te animo a que veas el vídeo y te fijes en la letra. A continuación, comparto un trozo de esta canción tan positiva:

Hay días en los que todo sale mal.
Te levantas con un resacón brutal. Aahhh.
Estás al borde de un ataque de nervios
y tu tablet *no te funciona.*
Se te va la pelota, «quillo»,
y no encuentras el anillo.
Hay días en los que te quieres morir,
te ha salido un grano interno en la nariz.
Si tu coche no contesta
y tiene mangas como esta.
Si tienes un mal día...
Dale la vuelta a la tortilla

Dale la vuelta a la tortilla
si estás quemado con la vida.
Tómate un pincho de felicidad
Chaaaann.
Dale la vuelta a la tortilla,
échale huevos y alegría.
Dale la vuelta a la tortilla.

Dale la vuelta a la tortilla.

La cabeza no la puedes levantar.
Se te ha puesto verde el pan integral
y te destiñe la camisa,

y los rizos se te alisan.
Si la vida da limones, haz limonada.
Si la vida te da sobras, haz
sobrasada Si tu Ro no tiene alpiste
y tu novio se hace hipster,
hipster, hipster, hipster, hipster,
¡HIP!
Dale la vuelta a la tortilla
Si estás quemado con la vida.
Tómate un pincho de felicidad.

Dale la vuelta a la tortilla.

Son este tipo de acciones las que provocan que un mayor número de personas tengan una mirada más optimista en sus vidas. Es el optimismo una de las mayores causas de felicidad para vivir desde el amor.

El efecto de positividad

Existe otro efecto en psicología que no debemos confundir con el anterior: es el llamado efecto de positividad. Según la Teoría de la Selectividad Socioemocional de Carstesen, Isaacowitz y Charles (1999), el efecto de positividad no es una simple negación de los estímulos negativos, sino que la priorización del procesamiento de la información positiva frente a la negativa es una estrategia de regulación emocional producida por los cambios motivacionales que acontecen durante el envejecimiento, y que está dirigida a minimizar la probabilidad de experimentar emociones negativas y a maximizar la probabilidad de experimentar emociones positivas.

Diferentes investigaciones defienden que durante el envejecimiento hay un cambio en el procesamiento de la información emocional que se caracterizaría por favorecer el material positivo y/o evitar el negativo, y es a lo que llamamos efecto de positividad.

La Teoría de la Selectividad Socioemocional ofrece un modelo teórico para explicar este efecto de positividad: las personas mayores, al percibir el tiempo como limitado, están más motivadas para priorizar las metas relacionadas con el bienestar emocional, con el objetivo de mejorar su momento presente, y utilizan el procesamiento de la información como una estrategia de regulación emocional para alcanzarlo. El efecto de positividad no solo ayuda a explicar por qué las personas mayores mantienen buenos niveles de bienestar subjetivo a pesar de las pérdidas relacionadas con el envejecimiento, sino que es posible que pueda contribuir a explicar las diferencias relacionadas con la edad en los niveles de trastornos psicopatológicos.

Según Laura Carstensen (1999), profesora de psicología de la Universidad de Stanford, «en la medida que envejecemos somos más conscientes de lo limitado del tiempo que nos queda y esto da lugar a un cambio de prioridades».

Cuando eres un niño quieres que el tiempo pase rápidamente para hacerte mayor. Conforme pasan los años, empiezas a pensar en lo bien que estabas siendo niño. En la edad adulta, una vez tienes cubiertas las necesidades básicas de alimentación, vestido y techo, comienzas a darte cuenta de si lo que has hecho en tu vida hasta el momento tiene sentido, hasta llegar un momento en el que te planteas que queda un tiempo limitado para hacer las cosas que quieres hacer, lo que has venido a hacer, y decides priorizar unas cosas en detrimento de otras.

2. MEDIR TU NIVEL DE POSITIVIDAD

La falta de positividad puede resultar un problema mental, todo está en tu cabeza. Según pienses, así serás. Si piensas que las cosas te van a salir mal, es muy probable que te salgan mal;

si piensas que te van a ir bien, lo más seguro es que te vayan mejor. Es así de sencillo. Cuando vives desde el amor no tienes posibilidad de equivocarte; lo que elijas lo harás desde la aceptación plena. Si tu patrón mental te dice que va a salir bien, enhorabuena. Si te dice que puede salir mal, prepárate para recibir un aprendizaje.

Para poder cambiar tus patrones mentales hay dos ejercicios que te pueden ayudar: las afirmaciones positivas y las declaraciones.

Afirmaciones positivas

Una afirmación es algo que piensas o te dices a ti mismo. Las afirmaciones positivas son frases basadas en pensamientos positivos que puedes escoger para introducirlas en tu conciencia y así producir el resultado deseado. Tienen por objetivo hacerte sentir mejor y mantener una actitud positiva ante la vida. Cada pensamiento que tienes y cada frase que dices es una afirmación, que pueden ser positivas o negativas. Estas afirmaciones crean tus experiencias. Las afirmaciones positivas sirven para crear algo en tu vida o para eliminar algo de ella que no te gusta. Haciendo afirmaciones positivas puedes llegar a crear todo lo que desees en tu vida. Según Louise L. Hay, las afirmaciones son como semillas, tienes que dejarlas germinar y crecer: hacer una afirmación es plantar la semilla, y repetirla varias veces es como regarla, repetirla aunque tarden en llegar los resultados. Las afirmaciones hay que realizarlas diariamente empleando frases positivas, en primera persona y en tiempo presente.

En el siguiente ejercicio te propongo una lista de afirmaciones, aunque puedes crear las tuyas propias para que sean más potentes. Prueba a hacerlas, te sorprenderán los resultados.

EJERCICIO 1

Recita todos los días algunas de estas afirmaciones positivas y en poco tiempo notarás que tu vida es más positiva y te encontrarás mejor contigo mismo. Te ayudarán a vivir desde el amor hacia ti mismo:

- Merezco relaciones divertidas, fáciles y que me apoyen.
- Tengo todo lo que necesito para conseguir todo lo que quiero.
- Merezco ser feliz.
- Me acepto tal y como soy.
- Merezco prosperidad y abundancia.
- Me siento seguro compartiendo mis sentimientos.
- Me gusta el dinero y sé hacer un excelente uso de él.
- Confío en mí mismo, confío en mi intuición.
- Soy una buena persona, merezco una buena vida.
- Fluyo suavemente con la vida y con cada experiencia.
- Soy capaz de pedir lo que quiero fácilmente y con amor.
- Tengo derecho a que mis necesidades sean satisfechas.
- Trabajo con inteligencia por mi bienestar y el de los que me rodean.
- Estoy lleno de energía y entusiasmo por la vida.
- Siento tolerancia, compasión y amor por todos, también por mí.
- Contribuyo al mundo con mi éxito, riqueza y generosidad.
- Creo la paz en mi mente, mi cuerpo y mi mundo.
- Merezco ser amado.
- Estoy rodeado de amor y lleno de paz.
- Disfruto con mi sexualidad.
- Siento mi fortaleza interna.
- Me perdono completamente.
- Me comunico fácil y alegremente.
- Soy bondadoso y tierno conmigo.
- Disfruto totalmente de todo lo que hago.
- Me respeto a mí mismo todo el tiempo.

- He venido a este mundo para convertir mis sueños en realidad.
- Me doy permiso para disfrutar totalmente de todo lo que hago.
- Abro mi corazón y acepto a los demás como son.
- Dejo que el amor llegue a mi vida y me llene de felicidad y alegría.
- Expreso mi propia belleza y amor en todo lo que hago.
- Escucho mis sentimientos y los expreso en forma apropiada.
- Tengo mis ojos entrenados para ver oportunidades y no obstáculos.

La fuerza de las declaraciones

Una declaración es algo parecido a una afirmación positiva: se trata de una sentencia positiva que haces con énfasis y en voz alta. Según Harv Eker, la diferencia entre ambas es que en la afirmación, el objetivo que deseas conseguir ya está teniendo lugar, aunque tú todavía no lo veas. La declaración tiene más que ver con la energía, con tu energía, con la energía que pones en la intención de emprender una acción o de adoptar una posición concreta. Cuando haces una declaración formal de algo que quieres conseguir, todo tu cuerpo se pone en marcha para emprender las acciones necesarias que consigan hacer realidad tu intención. Lo importante aquí es la acción. Por ello son más importantes las declaraciones, ya que indican acción y posicionamiento personal.

EJERCICIO 2

También puedes realizar este tipo de proposiciones en forma de párrafos que te ayudarán a vivir mejor, con más energía y más motivado. En este ejercicio tienes ejemplos de cómo realizar algunas declaraciones que te impulsen a conseguir tus objetivos.

Estas declaraciones las debes realizar por la mañana, en voz alta y de cara al espejo. Para decírtelas a ti mismo y crear la energía que te ayude a conseguir lo que te propongas. Te pongo unos ejemplos que a mí me han ayudado. Cuando leas las palabras 'éxito', 'triunfo', 'objetivo' u 'oportunidad', míralas con amor y desde el amor. El éxito para ti puede ser hacer un voluntariado o crear una empresa próspera. Un triunfo puede ser ayudar a los necesitados o conseguir finalizar una carrera. Tus objetivos son tan válidos como los de cualquier otra persona, desde tener una casa frente al mar como vivir en una aldea de África ayudando a sus habitantes. Si te chirrían estas palabras, míralas desde el amor y tradúcelas al lenguaje con el que mejor sintonices.

- Mis límites no son reales, solo son mentales. Los límites me los pongo yo. Yo soy la única persona que puede decidir lo que puedo o no puedo hacer. Si me lo propongo y tengo la determinación suficiente, todo es posible.

- Toda persona exitosa tiene un pasado. Y toda persona fracasada tiene un futuro. Las personas que han tenido éxito en la vida saben todo lo que han tenido que esforzarse para conseguirlo. Solo ellas saben cuántos fracasos han tenido que superar para llegar al lugar donde están. Toda persona que ha fracasado tiene un futuro por delante para conseguir sobreponerse y experimentar los aprendizajes que ha ido cultivando. He de seguir buscando el triunfo para llegar a conseguirlo.

- El éxito es una escalera que no puedo escalar teniendo las manos en los bolsillos. El éxito se consigue buscándolo con acción. Si estoy parado no me va a llegar, tengo que ir a por él, ponerme en marcha poniendo foco. He de tener siempre en mente mi objetivo, pensando en que cada acción que realizo me va a acercar más al lugar donde quiero llegar.

- Nadie queda impresionado por muy buenas que sean mis excusas. Elimino las excusas. Asumo mi responsabilidad. El que de verdad quiere algo encuentra el camino; el que no, encuentra excusas. Me responsabilizo de todo lo que hago y voy tras mis objetivos sin dilación.

- La abundancia no es un estado material. Es un estado mental, emocional y espiritual. Si pienso en tener una gran casa y no paro de quejarme de lo cara que está la vivienda y de las pocas posibilidades que tengo de acceder a ella, nunca voy a conseguir tenerla. Si mentalmente estoy convencido de que voy a vivir en esa casa y mis emociones van en sintonía con ese deseo, voy a generar la conciencia necesaria para que me llegue la oportunidad que espero.

- Hay algunas personas que son tan pobres, que lo único que tienen es dinero. Hay personas que a pesar de tener todo tipo de bienes materiales y grandes cuentas bancarias se sienten desgraciadas, nunca tienen bastante, ansían todo lo que tienen los demás y quieren más. Sin embargo, algunas personas pobres en bienes materiales se sienten felices y satisfechas con la vida que llevan. Yo soy consecuente con lo que tengo y con lo que quiero.

- Algunas personas esperan toda la semana a que llegue el viernes, todo el año a que lleguen las vacaciones y toda la vida a que llegue la felicidad. Yo dejo de esperar. Salgo a ser feliz. La felicidad no es cuestión de mi realidad externa, es cuestión de mi actitud interna. Mi actitud determina mi altitud, el lugar tan alto donde quiero llegar. Si la situación que tengo en estos momentos no es la que más me gusta, la cambio, busco la forma de cambiar yo para que cambie mi entorno.

Este tipo de declaraciones son proposiciones con las que poder mejorar y ayudar a mejorar a los demás. Son promesas que si te las haces a ti mismo, te pueden ayudar a vivir enamorado de tu vida, de ti, de lo que haces, de lo que tienes y de lo que puedes conseguir.

3. PENSAMIENTOS Y POSITIVIDAD

Tu lenguaje siempre indica tu nivel de positividad. Fíjate en cómo hablas y en el tipo de lenguaje que utilizas y te darás cuenta del grado de positividad o negatividad que tienes. Tu nivel de positividad está relacionado con los pensamientos que tienes, que expresan unas emociones y derivan en unas acciones que comportan unos resultados. Con lo cual, si cambias tus pensamientos puedes cambiar el resultado de tus acciones. Si tus acciones y los resultados que obtienes son más positivos, también lo serán tus pensamientos y emociones.

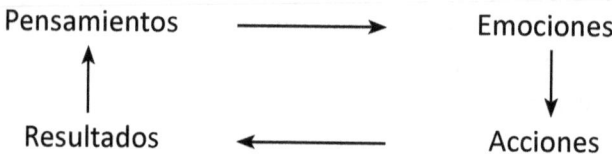

Convirtiéndose en un bucle que se autoalimenta, un pensamiento positivo produce una emoción positiva que se convierte en una acción positiva y obtiene unos resultados positivos que a su vez generan pensamientos positivos.

Todo lo que somos es el resultado de lo que hemos pensado.
BUDA

Cuando tienes los mismos pensamientos de siempre, no estás aprendiendo nada nuevo y como consecuencia, tu cerebro activa la neuronas y redes neuronales exactamente con las mismas secuencias y combinaciones. De esta manera se convierten en programas automáticos que usas a diario sin darte cuenta. Tienes un programa automático para cada cosa que haces porque lo has realizado tantas veces que se ha convertido en algo inconsciente. Has reforzado estos circuitos de tal manera que se han grabado en tu cerebro.

Tu cerebro se ha convertido en una montaña a la que van muchos senderistas de visita. El pasar de cada caminante ha ido creando unos surcos que se han convertido en caminos muy pronunciados. Y ya nadie se aventura a crear caminos nuevos, es más cómodo pasar por los que ya existen.

Si mantienes ciertos pensamientos y sentimientos el tiempo suficiente hasta que se graban en tu cerebro, estos condicionan emocionalmente a tu cuerpo y acabas generando las creencias.

Tus creencias

Mucha culpa de que tengas pensamientos negativos la tienen tus creencias. Las creencias son lo que tú crees de ti mismo y del mundo que te rodea. Las creencias son estados de la mente en los que supones que un conocimiento es verdadero y en la mayoría de los casos, no lo has verificado. Es como un mapa mental con el que orientarte en el entorno para encontrar los recursos que necesitas para satisfacer tu vida. Las creencias pueden ser limitantes o posibilitadoras: las limitantes son las que te paralizan, las posibilitadoras son las que te reafirman y te impulsan a hacer cosas. La mayoría de las creencias te las inculcaron de niño tus padres, profesores, compañeros y otros familiares o figuras de autoridad; también los medios de comunicación. Si culturalmente, en el lugar donde vives siempre se ha dicho que todo lo que puede salir mal saldrá mal, esto se ha convertido en una creencia para ti que tú ni siquiera cuestionas y que no te va a ser de mucha ayuda. Este hecho te puede haber condicionado para que cuando te equivoques una vez, no vuelvas a intentarlo. Si de niño te han dicho que no valías para nada o que eras un inútil, tú te lo has creído y así será hasta que te des cuenta y cambies. Ámate a ti mismo y olvida lo que te han dicho otros que no te hace bien. Cuando mejores tu relación contigo mismo atraerás a tu vida a las personas que necesitas y las que harán que cambien tus creencias.

EJERCICIO 3

Para cambiar esas creencias que no te aportan y te limitan, te propongo un ejercicio en tres fases:

- **Fase 1**. Detectar la creencia que te está limitando

Fíjate en tu forma de hablar y detecta las frases que indiquen negatividad.
- Creo que no lo voy a conseguir.
- Me da miedo intentarlo.
- No tengo suficiente confianza.
- Me gustaría que se solucionase

Examina las aseveraciones que haces con rotundidad.
- **TODO** ME SALE MAL.
- NO PUEDO HACER **NADA** MÁS.
- **SIEMPRE** ME EQUIVOCO.

Y ahora fíjate en lo que dices de ti mismo.
- Soy un inútil.
- Soy estúpido.

Cuestiónate todas las afirmaciones negativas que haces y piensa en cómo has llegado a creer que son ciertas. ¿Te lo dijo alguien que te quería? ¿Algún profesor importante para ti?

- **Fase 2**. Cambiar la creencia

Selecciona la creencia negativa que te está limitando. ¿Te lo dijo alguien o lo has pensado tú solo?
* ¿Qué intención positiva encierra esa creencia?
* ¿Qué creencia positiva podrías sustituir por esta?
* ¿Cómo mejoraría tu vida incorporando la creencia positiva?
* ¿Podría empeorar tu vida con esa nueva creencia?
* ¿Qué es lo mejor que te puede pasar si piensas en la vieja creencia negativa?
* ¿Qué es lo mejor si piensas en la nueva creencia positiva?

Hacerte todas estas preguntas te ayudará a cambiar la creencia.

- **Fase 3**. Consolidación de la creencia

* Realizar afirmaciones positivas sobre la nueva creencia.
* Entrenarte en la nueva creencia, realizando conductas y utilizando un lenguaje asociado a la nueva creencia positiva.

Lo importante es que seas capaz de observar tus pensamientos y las acciones que se derivan de ellos para poder elegir por ti mismo y no por lo que creías anteriormente. Has de ser consciente de que tus creencias limitantes te han sido impuestas, generalmente por personas que te querían, con la mejor intención del mundo. No han sido elegidas por ti y no son ni verdaderas ni falsas, simplemente son. Ten en cuenta que tu cuerpo es el reflejo de tus pensamientos. De acuerdo a lo que piensas y a las emociones que van seguidas de esos pensamientos, tu cuerpo produce sustancias químicas (hormonas y neurotransmisores) que pueden generar placer o estrés en tu organismo. Si tus pensamientos son estresantes, tu cuerpo generará sustancias, como el cortisol, que en grandes dosis, es perjudicial para tu organismo, además de descuidar tu sistema inmunitario con la consiguiente posibilidad de que enfermes. Si tienes pensamientos de placer, tu cuerpo segregará serotonina y endorfinas responsables del bienestar y la felicidad.

Ahora ya puedes elegir las creencias que te potencien y hagan que crezca tu positividad. Piensa que los resultados que obtengas en tu vida son consecuencia de tus acciones que vienen determinadas por las emociones y los pensamientos que tengas. Puedes llegar a convertirte en la persona que quieres ser viviendo desde el amor.

Por todo esto, yo pienso que una de las cosas más importantes en la vida es el amor a uno mismo. Si te amas a ti mismo creerás en ti, en tus posibilidades, en conseguir lo que te propongas o en alcanzar tus objetivos. Si te equivocas una vez, lo volverás a intentar una y otra vez hasta que lo consigas.

Cuando no te amas a ti mismo, no eres capaz de amar a los demás. Y cuanto más te ames a ti mismo, más amor serás capaz de dar. El amor es una de las pocas cosas que cuanto más repartes, más tienes. De ahí la importancia de enseñar a los hijos a amarse a sí mismos. Yo realizo todos los días un ejercicio que, para mí, es muy potente.

EJERCICIO 4

Se trata de las **afirmaciones delante del espejo**. Todos los días, tras despertarme, me miro al espejo y me digo lo mucho que me quiero y lo orgulloso que estoy de mí mismo. Pruébalo. Mirándote al espejo, di: TE QUIERO, TE QUIERO MUCHO; HOY VA A SER UN ESTUPENDO DÍA, DISFRUTA DE ÉL; HOY VOY A

SER MÁS FELIZ. No pienses que es un ejercicio fácil, pues tengo clientes que les ha costado mucho tiempo decirse «te quiero» mirándose a la cara. Si al principio no te atreves, basta con que sonrías delante del espejo los primeros días. Más tarde ya dirás tus afirmaciones. Créeme, da muy buenos resultados.

4. OPTIMISMO

Ser optimista no es lo mismo que abandonarse a la suerte. El que no hace nada esperando que la suerte le caiga del cielo, actúa como el pesimista que se tumba pensando que tiene muy mala suerte y no le van a llegar las oportunidades.

Ser optimista es ponerse en camino para conseguir nuevos objetivos porque piensas que es posible alcanzarlos. El pensamiento positivo no niega la realidad que vives, te aporta energía para construirla.

Puede definirse como optimista a «la persona que espera resultados favorables del futuro, lo que la hace más persistente, con mejor humor y más exitosa por lo general. Incluso su salud es mejor» (Seligman, 2003).

Una de las formas más efectivas que conozco para vivir con optimismo es realizar afirmaciones positivas, recitándolas interiormente para que puedan grabarse en tu subconsciente. Confío en que ya lo has hecho.

Cómo pasar del pesimismo al optimismo

Hace muchos años tuve la ocasión de leer el libro *Aprenda Optimismo* de Martin E. P. Seligman, padre de la psicología positiva. En aquel tiempo lo leí como uno más de tantos. En los últimos días lo he releído y quiero compartir contigo algunas de las conclusiones que he extraído de él. Hay que tener en cuenta que fue escrito en el año 1990, cuando la gran mayoría de los psicólogos se dedicaban al tratamiento de las enfermedades mentales y muy pocos hablaban de emociones positivas. No fue hasta 1998 cuando se inició formalmente lo que llamamos la psicología positiva, durante la conferencia inaugural de la Asociación Americana de Psicología por parte del Dr. Seligman.

En el libro, Seligman habla del modelo ABC que desarrolló Richard Ellis y que corresponde a las siglas en inglés de *Adversity, Beliefs* y *Consequences*, que en castellano sería *Adversidad, Creencias* y *Consecuencias*.

EJERCICIO 5

Para ver cómo funciona el ABC en nuestra vida diaria, Seligman aconseja llevar un registro diario durante un tiempo, atendiendo al diálogo interno que se produce en tu mente. Se trata de establecer la relación entre una determinada adversidad y un sentimiento.

En este registro diario irás anotando primero la adversidad que te ocurra (puede tratarse de algo sin demasiada importancia: un reproche de tu pareja, una falta de atención por parte de un ser querido...). Hay que anotar simplemente lo que ocurre, sin juzgarlo. A continuación, anotas la creencia, o sea, la interpretación que haces sobre la realidad. Y por último, la consecuencia. Aquí has de prestar mucha atención a tu sentimiento, anotando lo que sentiste y lo que hiciste en ese momento.

Ejemplos:

Adversidad: tu mejor amigo no responde a tus llamadas telefónicas.
Creencia: piensas que no quiere saber nada de ti.
Consecuencia: te pasas deprimido el resto de la tarde.

Adversidad: tu mejor amiga no responde a tus mensajes.
Creencia: piensas que se ha olvidado el teléfono móvil.
Consecuencia: no te sientes mal, pasas el día como si nada.

Después de realizar varios registros, has de leerlos detenidamente y encontrar el vínculo entre lo que has creído y sus consecuencias. De esta forma compruebas que las explicaciones pesimistas provocan pasividad y desaliento, en tanto que las explicaciones optimistas confieren ánimo. El paso siguiente sería modificar las creencias negativas que siguen a una adversidad para cambiar tu reacción frente a la misma.

Seligman habla de dos modos para cambiar las creencias pesimistas: la distracción y la discusión. La primera se trata de pensar en otra cosa cuando aparece la creencia pesimista, cambiar de pensamiento. La segunda es discutirlas. Las creencias que se discuten a conciencia tienen menos probabilidades de volver cuando una situación semejante se presenta.

EJERCICIO 6

Distracción. Para interrumpir los pensamientos negativos, Seligman propone algunas sencillas técnicas: cuando estás teniendo el pensamiento en cuestión, dar una palmada fuerte y decir BASTA YA; esto hace que desaparezca la imagen negativa y puedas pensar en algo nuevo. También habla de hacer sonar una campana o de llevar en el bolsillo una tarjeta con la palabra STOP y mirarla cuando aparece el pensamiento. Pero la «técnica» que para Seligman es la más efectiva es la siguiente: se trata de llevar una goma elástica en la muñeca, tirar de ella y al soltarla, sentir un ligero dolor que termina con la rumiación negativa. Esto hace que inmediatamente estés en disposición de tener un cambio de atención hacia otra cosa.

EJERCICIO 7

Discusión. Tras discutir contigo mismo las creencias que siguen a la adversidad, pasas de la desesperación a la esperanza, y tus decisiones pueden pasar del deseo a abandonar a la voluntad de seguir adelante. La discusión consiste en verificar la exactitud de tus creencias y te hace tomar distancia con respecto a la explicación pesimista que estás teniendo.

Para Seligman, el principal instrumento para modificar una interpretación acerca de la adversidad es la discusión, ya que discutiendo tus propias creencias puedes hacer frente a las creencias negativas y no permitir que influyan en tu vida.

Para poner en tela de juicio tus propias creencias es importante buscar todas las causas que hayan podido contribuir. Puedes dirigir tu atención a lo modificable («no entrené suficiente para este partido y estaba cansado»), lo específico («he acusado el cansancio en exceso») y lo impersonal («el otro equipo era mejor»). Por ello es conveniente generar creencias alternativas, insistiendo en las posibilidades de cuya veracidad no estás plenamente convencido.

Esto es, entre otras cosas, parte de lo que concluye Seligman en *Aprenda optimismo*. A mí me ha servido la técnica de discutir con mis creencias para desechar las que no me son válidas y mantener las que me pueden ayudar. Espero que esto te pueda aportar algo positivo. Por cierto, ¿qué haces cuando, en tu diálogo interno, tienes un pensamiento negativo? ¿Has discutido alguna vez con tus creencias?

En diferentes investigaciones sobre el efecto placebo, del que luego hablaré, realizadas con optimistas y pesimistas, se concluye que en el mismo entorno, las personas de mentalidad positiva tienden a crear situaciones positivas y las de mentalidad negativa, tienden a crear situaciones negativas.

Estoy convencido de que el optimismo se puede convertir en una especie de credo que te ayude a ser mejor.

El credo optimista

Cristian D. Larson escribió más de 40 libros e inspiró, entre otros, a Norman Vincent Peale, quien fue líder destacado del Nuevo Pensamiento en Estados Unidos. Uno de sus libros más famosos, escrito en 1912, fue *Sus fuerzas y cómo utilizarlas*.

En el citado libro aparece el «Credo optimista», que fue adoptado como Credo Optimist International en 1922. En aquella época, este credo inspiraba a las personas hasta el punto que en los hospitales se utilizaba para ayudar a los pacientes a recuperarse de una enfermedad. Y en la práctica de deportes, los entrenadores lo han utilizado para motivar a sus jugadores.

Tras más de un siglo desde su aparición, creo que se puede considerar muy vigente en estos tiempos. Aunque alguien no querrá llamarle credo por las connotaciones religiosas que pueda tener, también puede llamarle el manual del optimista. Lo transcribo aquí tal como está en el libro de Larson, por si puede ser de tu interés:

Prométase a usted mismo:

- *Ser tan fuerte que nada pueda perturbar su paz mental.*
- *Hablar de salud, felicidad y prosperidad a cada persona que conozca.*
- *Lograr que todos sus amigos sientan que hay algo valioso en ellos.*
- *Mirar el lado luminoso de todas las cosas y hacer que su optimismo se vuelva realidad.*
- *Pensar sólo en lo mejor, trabajar sólo por lo mejor y esperar sólo lo mejor.*
- *Ser tan entusiasta respecto al triunfo de los demás como del propio.*

- *Olvidar los errores del pasado y concentrarse en los logros del futuro.*
- *Tener siempre un semblante alegre y dar una sonrisa a cada persona con quien se encuentre.*
- *Invertir tanto tiempo en su mejoramiento que no tenga tiempo de criticar a los demás.*
- *Ser demasiado grande para la preocupación, demasiado noble para la ira, demasiado fuerte para el miedo, y demasiado feliz para permitir la presencia de problemas.*
- *Pensar bien en sí mismo y proclamarlo al mundo, no en voz alta pero si con hechos concretos.*
- *Vivir en la fe de que todo el mundo está de su lado mientras sea fiel a lo mejor que hay en sí mismo.*

CRISTIAN D. LARSON, 1912

A mí me impulsa a vivir de manera más positiva. Genera positividad en todas sus aseveraciones, tiene una visión muy optimista de la vida y de las acciones que tienes que llevar a cabo cuando quieres contagiar positividad. Proclama el amor por ti mismo y por los demás, la confianza, la fe y la felicidad.

Los 8 principios de los optimistas pragmáticos

Me gustó mucho una entrevista que Elsa Punset realizó al escritor británico Mark Stevenson, autor del libro *Un viaje optimista por el futuro*. En dicha entrevista, Stevenson señala la importancia del optimismo e indica que este es un posicionamiento moral.

Creo firmemente en lo importante que es ser optimista y pienso que hay que tener esperanza en que el futuro puede ser mejor. Lo fundamental es hacer cosas para mejorar el futuro, cosas para sentirte realizado y que, además, contribuya en el bienestar de los demás.

Puedes realizar acciones para que el mundo sea un poco mejor. Con pequeñas acciones positivas tienes la oportunidad de hacer grandes cosas para mejorar la humanidad. Depende únicamente de tu actitud ante el futuro que quieres. Depende del amor que quieres difundir al mundo.

Stevenson ha fundado la Liga de los Optimistas Pragmáticos (LOPO, por sus siglas en inglés), una iniciativa con la que quiere animar a las personas a que pasen a la acción para conseguir realizar un mundo mejor. Esta Liga se basa en 8 principios:

1. Un optimismo sin complejos sobre el futuro. Se trata de pensar que un futuro mejor es posible, soñar con el futuro para optimizarlo.
2. Los miembros se involucran en proyectos que superan sus propias capacidades. Las personas que realizan cosas buenas están comprometidas con grandes proyectos que van más allá de sí mismas.
3. Tus historias y opiniones están bien, pero tus hechos están mejor. Si te quedas solo en las ideas no avanzas, tienes que hacer algo con esas ideas.
4. Cometer errores está bien, no intentarlo es irresponsable. No pasa nada si te equivocas, busca en el error una oportunidad de aprendizaje.
5. Eres lo que haces, no lo que te propones hacer. Mientras otras personas imaginan lo que podrían hacer, los optimistas pragmáticos lo están haciendo.
6. Las ideas están para ser compartidas, no protegidas. Cuando se comparten las ideas se confiere poder a las personas en lugar de ejercerlo sobre ellas.
7. Los miembros se ocupan de gestionar su cinismo y de tenerlo bajo control. En lugar de mostrar cinismo es mejor mostrar un optimismo ambicioso.
8. LOPO es apolítica. Todas las tendencias son bienvenidas, pero no vengas a promover la tuya.

Estoy convencido de que el mundo puede ser mejor, de que el futuro te va a deparar numerosas oportunidades, de que hay suficientes recursos para que puedas conseguir tus mejores logros, y solo depende de ti que esto ocurra, únicamente depende de tu actitud ante la vida, de tu hacer ante los demás. Solo necesitas tres cosas para este gran reto: voluntad, acción y mucho amor.

Estrategias para promover el optimismo

Recuerdo que cuando tenía seis o siete años todo era felicidad en mi vida. Me despertaba todas las mañanas con energía, desayunaba muy contento y salía hacia el colegio junto a mi madre y mi hermano. Al bajar a la calle nos encontrábamos con compañeros de clase con sus madres, y todos juntos realizábamos un camino de unos tres kilómetros hasta llegar al colegio Amadeo Tortajada, en Mislata. Para mí era un colegio precioso, donde tenía muchos amigos y los profesores eran encantadores. El viaje transcurría entre risas y juegos y resultaba muy ameno. Una vez, uno de los compañeros estaba enfadado, decía que no quería ir al colegio, que no le gustaba. Recuerdo cómo yo le intentaba explicar todas las bondades del colegio que él no veía. Como no atendía a razones, le dije que pensara en qué estaría haciendo si no estuviera en el colegio. Por aquel entonces, casi siempre, estábamos jugando en la calle con amigos. Le expliqué que si todos estábamos en el colegio, él estaría solo y no podría jugar con nadie. Y de esta manera se convenció de que estar en el colegio era una buena opción.

Para mí resultaba fácil encontrar el lado bueno de las cosas, ver la parte positiva.

Buscar confiar en que todo va a salir bien, fijarte solo en lo bueno o sentir que el futuro es el deseado, son estrategias para promover el optimismo. Este no debe ser algo desmesurado con el que veas siempre la vida de color de rosa. Se trata de ser optimista realista, como me dijo una vez un alumno de La Akademia Valencia, de valorar las opciones que pueden ocurrir y pensar siempre en la más positiva.

En un estudio realizado por la psicóloga Laura King, profesora de la Universidad de Missouri, Columbia, pidió a sus participantes que fueran a su laboratorio durante cuatro días seguidos. Cada día les pedía que escribieran una descripción de su «mejor YO futuro posible» (visualizar el mejor futuro posible para ellos). Lo que la profesora pudo comprobar fue que las personas que escribían sobre su futuro durante varios días seguidos tenían más probabilidades de incrementar un estado de ánimo positivo, verse más felices varias semanas después y manifestar menos dolencias físicas varios meses después, en comparación con los alumnos que escribían sobre otros temas.

Son múltiples los beneficios de practicar el optimismo, desde tener más iniciativa y confianza para alcanzar tus objetivos hasta impulsarte a afrontar las dificultades de forma más activa y efectiva. Desde mantener una mejor salud mental en momentos de estrés hasta sentirte más sano físicamente. Desde tener mayor vitalidad para emprender hasta sentirte mejor contigo mismo y tener mayor autoestima.

Los siguientes ejercicios pueden convertirse en tus estrategias para conseguir optimismo:

EJERCICIO 8

Conseguir tus metas
Desde pequeño constantemente estás consiguiendo metas, al principio inconscientemente y después premeditadamente. En torno al año de vida comienzas a andar. Alrededor de los dos años a hablar con soltura. Cumplidos los cinco aprendes a ir en bicicleta y a leer.

Ya en la adolescencia te propones fijarte tus propias metas, quieres cumplir tus sueños y además de estudiar, quizás comienzas a ir a clases de algún idioma o algún instrumento musical. Conforme te haces mayor, las metas se van haciendo más importantes para ti, quieres dirigir tu vida, aunque algunas veces no resulta tan fácil. Te dejas influenciar por los demás, quieres tener amigos y ser aceptado por el grupo. Te gusta sentirte querido y que los demás te valoren.

El problema es que, muchas veces, no sabes adónde quieres llegar. No tienes una dirección fijada. Te dejas llevar por la vida, haciendo lo que hacen otros o lo que los demás esperan de ti. Tienes muchas preguntas y no se te ocurre preguntarte a ti mismo.

Y ¿cuáles son las preguntas que te debes hacer?

La fundamental: *¿Qué es lo que quiero en mi vida?*

Para responder a esta pregunta quizás sea importante contestar antes a otras: ¿Qué es lo que valoro? ¿Qué es importante para mí? ¿Qué opino sobre algunos temas como política, dinero, guerra, drogas, educación, religión, sexo, ecología...?

Es bueno contestar a estas preguntas por escrito y dejar que el bolígrafo escriba. Si para ti son importantes 50 cosas, adelante, como si son 100. Aunque es crucial que lo hagas apoyándote en tus valores, en esos principios que hacen que tu vida tenga sentido.

Otra pregunta importante es: *¿Qué necesito para ser feliz?*

Aquí puedes hacer una lista de tus necesidades y al lado, poner qué vas a hacer para satisfacerlas. No es solo poner lo que necesitas y esperar a que caiga del cielo. Tienes que escribir cómo lo vas a conseguir para poder ponerte en acción.

EJERCICIO 9

El mejor yo futuro posible
Dedica unos treinta minutos al día, o al menos una vez a la semana para escribir cómo será tu vida dentro de cinco, quince o veinticinco años. Visualiza un futuro en el que todo sea posible, es el futuro que tú quieres, te has esforzado tanto que por fin has alcanzado tus objetivos. Puedes ayudarte de las siguientes preguntas:

¿Dónde quiero estar dentro de 5, 15 o 25 años? ¿Qué quiero estar haciendo? ¿Con quién quiero estar? ¿Dónde viviré?

Diviértete imaginando y sintiendo que ya estás allí. Y cuando ya tengas claro lo que quieres, ESFUÉRZATE por conseguirlo.

Si haces este ejercicio con asiduidad será muy efectivo.

EJERCICIO 10

Tú día ideal
Para transformar tu sueño en realidad tienes que ser capaz de diseñar la visión ideal de tu vida. Este ejercicio lo he adaptado del libro de Jairek Robbins, *Vívelo*.

Examinando tu visión del día ideal, es más fácil identificar las áreas que están en el camino correcto y las que están dificultando los resultados por los que te esfuerzas. El objetivo del día ideal es completar los espacios entre donde te encuentras hoy y dónde quieres estar. Tienes que pensar cómo sería el día más espléndido que imagines. Un día tan satisfactorio y agradable que podrías hacerlo todos los días. Si piensas que lo mejor sería no hacer nada, te equivocas, te sentirías vacío, frustrado y aburrido. Solo te sentirás bien si llevas a cabo tu crecimiento personal y contribuyes.

Tienes que ser capaz de contestar al final de tu vida a estas tres preguntas:

1. ¿He vivido plenamente?
2. ¿He amado abiertamente?
3. ¿Le he importado a alguien?

Antes de comenzar vas a crear la energía necesaria para que la concentración, creatividad y el entusiasmo te ayuden a crear la visión ideal.
- Muévete, salta, estírate.
- Luego siéntate y realiza 5 inspiraciones profundas.
- Comienza a visualizar y después escribes todo lo visualizado.

Imagínate despertándote en tu día ideal, un día extraordinario y mágico. Un día que al mirar atrás puedes pensar que fue el mejor de los días, un día que te deje emocionado y satisfecho.

Imagínate que al despertar tienes el estado mental que quieres tener. ¿Cuánta energía, pasión y entusiasmo tienes? Mira todo lo que tienes a tu alrededor. Quizás tengas a tu lado a tu pareja, o veas un amanecer espléndido a través de la ventana. Piensa en cómo estás de renovado y descansado de cuerpo y mente.

¿Cómo sería tu mañana? Te levantas y te vas a hacer ejercicio, o desayunas con tu familia, o quizás tomas café leyendo el correo. Céntrate en lo que sería más satisfactorio para ti. Tu visión puede ser tan ambiciosa o simple como tú quieras, asegúrate que te haga sentir lo más vivo posible. Piensa en cómo pasarías toda la mañana, qué forma tienes de generar ingresos, dónde irías a comer, con quién estarías, cómo son tus estados físico y mental, cuánta energía sientes en tu cuerpo; siente las emociones que te abordan. Tal vez te sientas apasionado con tu vida, agradecido y lleno de amor. Quizás hayas encontrado el camino para crecer mental, emocional y físicamente, haciendo cosas nuevas. Podrías dirigir una gran empresa o ser el propietario de un pequeño negocio o hacer algún voluntariado que te llene. O

puedes estar todo el día viajando haciendo negocios o disfrutando, ya que has generado una forma de ingresos pasivos. Identifica con quién pasarías tu tarde ideal. Estarías solo, con tu familia, con tus amigos. Puedes imaginarte sintiéndote fuerte, poderoso y con la convicción de ser capaz de conseguir todo lo que te propongas. Conforme llegue la noche en tu día perfecto, piensa en cómo te sentirías habiendo logrado tanto en un solo día, ya sea por las tareas, metas, aprendizajes o desarrollo, o simplemente por el disfrute. Imagínate a ti mismo con esa energía positiva en ti hacia el final del día. ¿La noche perfecta sería cenando con tu familia y disfrutando con su compañía? ¿O sería una noche más tranquila para recargar pilas después de un día productivo y ocupado? Describe cómo sería esa noche ideal.

A lo largo de ese día ideal, ¿qué pensamientos fluirán por tu cabeza? Reflexiona a quién agradecerías ese día y cómo de satisfecho estarías.

Si ya has vivido un día ideal, ¿qué pasaría si pudieras vivir dos? ¿Qué más cosas harías? Tómate tu tiempo para crear algunas variaciones en tu visión del día ideal. También puedes pensar en cómo sería tu fin de semana ideal, si quieres que sea diferente a los días entre semana.

Una vez hayas terminado: ¿Qué partes de tu visión son las más importantes? ¿Qué partes, si las quitas, causan que deje de ser tu día ideal? ¿Cuánto de lo que has imaginado estaba enfocado en tu actitud mental y disposición?

El objetivo de estos pasos es situarte en la posición mental y emocional para conseguir tu forma de vida ideal.

Cuando tengas escrita tu visión del día ideal léela en voz alta al menos una vez a la semana para ayudarte a estar enfocado.

Encuentra al menos cada día una acción nueva que puedas realizar para acercarte poco a poco y transformar tu día real en tu día ideal.

EJERCICIO 11

Fíjate en los obstáculos que te pones

Se trata de una actividad en la que seas consciente de todos los obstáculos que se interponen en tu camino. Sobre todo, reconoce todos los pensamientos pesimistas que no te dejan avanzar. Escríbelos en una columna y a su lado reinterpreta cada uno de ellos para que la situación mejore.

Ayúdate haciéndote preguntas sobre cada situación:

¿Qué más podría significar esto? ¿Qué puedo aprender de esta situación? ¿Qué oportunidades me ofrece lo que estoy viviendo? ¿Cómo puedo aceptar lo que me ocurre? ¿Qué importancia tendrá esto dentro de uno o dos años?

Ser consciente de los obstáculos que te pones te ayuda a relativizar las situaciones que estás viendo como negativas en ese momento y tener la posibilidad de aceptarlas.

EJERCICIO 12

Practica la generosidad

En un estudio realizado por la psicóloga Sonja Lyubomirsky, en el que sus alumnos tenían que realizar actos de generosidad, se determinaron una serie de beneficios para las personas generosas. Y es que la generosidad es buena tanto para el que la recibe como para el que la practica. Estos beneficios para el hacedor tienen mucha relación con el optimismo y la positividad:

- Te hace percibir a los demás de forma más positiva.
- Mitiga la culpa, la aflicción o el malestar que te provocan las dificultades y el sufrimiento de los demás.
- Hace que te sientas privilegiado y agradecido.
- Te hace distraerte de tus problemas y elucubraciones, ya que te centras más en los demás.

- Aumenta tu confianza y optimismo. Esto hace que te sientas útil.
- Te da mayor sensación de control sobre tu vida.
- Favorece la sensación de sentido y valor en tu vida.
- Disminuye los síntomas depresivos y da mayor sensación de felicidad, autoestima y control personal.

Para practicar la generosidad de forma variada y habitual, puedes regalar tiempo, hacer algo por un familiar o amigo que no tiene tiempo de realizar; ser amable con cualquier persona que te llame por teléfono, aunque sea el pesado de turno que te quiere vender algo; hacer un favor a un amigo o familiar puede resultar fácil, prueba a hacerlo a un desconocido, ayúdale en lo que puedas sin esperar nada a cambio; desarrolla la capacidad de comprender a los demás, de practicar la empatía con alguien que acabas de conocer.

Los actos de generosidad se contagian y pueden provocar reacciones en cadena. Me estoy acordando de un vídeo que está colgado en Youtube y se llama *El efecto* boomerang. En dicho vídeo se muestran situaciones de la vida cotidiana en las que diversos desconocidos realizan actos de generosidad hasta que, finalmente, la persona que había iniciado esta cadena de generosidad es correspondida por otro desconocido. Además, se puede ver cómo el mero hecho de ser observador de un acto de bondad provoca en el espectador otro acto de bondad.

Cuando realices un acto de este tipo, es conveniente que no adoptes una actitud de superioridad ni actúes con condescendencia. No hagas alarde de tus habilidades ni trates como un niño a la persona que ayudas, ya que puedes hacer que la otra persona se vea en desventaja o en deuda contigo. Y si alguien no quiere que le ayudes, no insistas, a no ser que se trate de una situación crítica.

Estas estrategias pueden hacer que conviertas el optimismo en un hábito. Requieren de esfuerzo y dedicación, aunque si perseveras, los beneficios pueden ser cuantiosos.

5. CLAVES PARA LLEGAR A SER UNA PERSONA POSITIVA

Leyendo a Brian Tracy, concretamente *¡Bese a ese sapo!*, llegué a una serie de conclusiones que me han ayudado a vivir desde el amor. El autor asiente con estas palabras cómo tienes que comportarte para conseguir vivir con positividad:

> *En el momento que decidas de forma clara y convincente que vas a tomar el control de tu mente y eliminar las emociones y pensamientos negativos que pueden haberte frenado en el pasado y llegar a ser una persona totalmente positiva, podrás lograr una transformación personal.*

En cierta ocasión, cuando estudiaba mi licenciatura en Psicología, recuerdo que había una asignatura que no me gustaba nada: Estadística. Era una asignatura de primero y había ido dejándola año tras año hasta que, cuando estaba en cuarto, me decidí a abordarla. Me dije a mí mismo que tenía que hacer como si me gustase, que me tenía que ver aprobándola, que era necesario para poder acabar la carrera.

Así, ese año me matriculé en Estadística y comencé a ir a las clases. Entre las estrategias que utilicé para conseguirlo están las siguientes: sentarme en las primeras filas de la clase, preguntar todas las dudas al profesor, hacerle ver al profesor mi interés por la asignatura, asociarme con compañeros que sabían más que yo sobre estadística y sobre todo, visualizarme aprobándola. Hice como si me gustase y al final me gustó. A partir de ahí, cuando un compañero me preguntaba cómo la había aprobado yo le relataba todas las estrategias que había utilizado.

Aquí te propongo ocho estrategias para llegar a ser una persona totalmente positiva que vive desde el amor y que a mí me han servido a lo largo de mi vida:

EJERCICIO 13

Háblate de forma positiva, controlando tu diálogo inter-no y usando afirmaciones en modo positivo, como ya has visto antes. Tienes unos ejemplos en la lista de afirmaciones que has leído anteriormente. Ahora se trata de enunciarlas de manera que te lo creas de verdad y haciendo acallar la vocecita de tu diálogo interno. Busca contradecir lo que no te interesa de esa vocecita.

Recuerdo un cuento que te va a demostrar la importancia del lenguaje que utilizas:

Un grupo de ranas iba atravesando un bosque y dos de ellas cayeron en un hoyo muy profundo. El resto de las ranas se reunieron alrededor del hoyo.

Cuando vieron que este era muy profundo, les dijeron a las dos ranas que se dieran por muertas. Ellas ignoraron los comentarios y trataron de saltar con todas sus fuerzas para salir. Las demás ranas siguieron diciéndoles que se detuvieran, que no lo conseguirían. Finalmente, una de las ranas hizo caso y se dio por vencida. Se dejó caer y murió. La otra rana continuó saltando más fuerte todavía.

Nuevamente el grupo de ranas le gritaron que no sufriera más intentando salir, que lo mejor era que lo dejara. La rana saltaba cada vez más fuerte, y finalmente logró salir. Resulta que esta rana era sorda y no escuchaba las súplicas de las demás.

Pensaba que sus compañeras estaban animándola todo el tiempo y por ello se esforzó más.

Una palabra de aliento a alguien que está pasando por un mal momento puede ser clave para ayudarlo. Una palabra negativa a alguien que está pasando por un mal momento puede convertirse en su destrucción. Háblate como si fueses tu mejor amigo, siempre con palabras positivas.

EJERCICIO 14

Utiliza una visualización positiva. Se trata de una técnica psicológica para alcanzar una condición emocional deseada a través de pensar en las imágenes correctas de lo que deseas. Actúa como si ya hubieses alcanzado tu meta. La visualización es una gran técnica para conseguir objetivos, desde hace mucho tiempo la vienen utilizando los deportistas de élite para alcanzar sus metas y superar sus marcas. Cuando realices la visualización, haz como si ya estuvieses en el lugar al que quieres llegar, vívelo con los cinco sentidos. Tiene que ser lo más real posible. Si todos los días dedicas unos minutos a tener una visualización positiva, en poco tiempo se establecerán las condiciones para alcanzar tu meta. Más adelante profundizaré un poco más sobre las visualizaciones.

EJERCICIO 15

Relaciónate con personas positivas. La elección de las personas con quienes vivas, trabajes y te asocies tendrá un efecto mayor en tus emociones y en tu éxito que cualquier otro factor. Si te rodeas de personas positivas tendrás mayores posibilidades de mantener ese estado necesario para conseguir lo que deseas. Busca relacionarte con personas que te aporten positividad y oportunidades para crecer, y no con quien te limite.

EJERCICIO 16

Ingiere alimentos mentalmente positivos. Lee libros, revistas y artículos que eduquen, inspiren y motiven. Atiende a la información que te haga sentir feliz y confiar más en ti mismo. La dieta es fundamental para generar positividad, los alimentos mentalmente positivos son alimentos naturales y que no han sido procesados como las frutas, verduras y frutos secos, por ejemplo. Otro alimento para tu mente positiva es leer libros que te inspiren y motiven para crecer personalmente.

EJERCICIO 17

Escoge una formación y un desarrollo positivos. Tus estudios y desarrollo personal son determinantes para tu éxito en la vida. La formación que realices va a determinar el lugar que vas a ocupar en el mundo. Tu desarrollo personal es clave para determinar tu futuro. Siempre que busques crecer y ayudar a crecer a los demás, estarás aportando positividad al mundo.

EJERCICIO 18

Proponte aprender algo nuevo. El aprendizaje te motiva a ser mejor. Fíjate todos los días como meta aprender algo nuevo y haz el propósito de llevarlo a cabo. Puede ser algo como una nueva aplicación para el móvil o preparar una nueva receta que desconoces. Busca información y atrévete a aprender algo nuevo.

EJERCICIO 19

Ten hábitos de salud positivos. Practica la relajación, una alimentación equilibrada y realiza ejercicio todos los días. Los hábitos saludables van a ayudar a que tu cuerpo y tu mente estén en paz, se mantengan en sintonía y consigas una mayor satisfacción personal. La relajación te va a ayudar a eliminar el estrés y va a hacer que tengas menos enfermedades. La alimentación equilibrada te va a mantener con salud física y mental, y realizar un poco de ejercicio todos los días va a hacer que tu físico se mantenga activo mucho más tiempo.

EJERCICIO 20

Mantén unas expectativas positivas. Espera siempre lo mejor. Tener expectativas positivas es una técnica muy poderosa para ser una persona optimista y para conseguir mejores resultados en tu vida. Las expectativas determinan, en la mayoría de ocasiones, el resultado que vas a obtener en aquello que te propongas. Cuando estés buscando un objetivo fíjate en lo que quieres y no en lo que temes. Confía en que va a ocurrir lo mejor que puede ocurrir y tendrás más posibilidades de que ocurra.

Beneficios de la positividad

Me considero una persona positiva, con un alto grado de optimismo. Además, las personas que me conocen me lo suelen decir. «Es que tú lo ves todo positivo», me dicen; «Es que se vive mucho mejor», les contesto yo.

Voy a relatarte algunos de los beneficios que yo estoy obteniendo practicando la positividad:

- Me levanto todos los días a las 5:30 de la mañana para ir a trabajar. Voy a la empresa de hostelería que tengo con mi socia, mi mujer, y allí estoy hasta las 15:30 horas. Por las tardes, trabajo en la Fundación Dr. Javier Berché en su delegación de Valencia, ayudando a niños con altas capacidades. Esta tarea me ocupa dos tardes a la semana aproximadamente. Las demás tardes realizo sesiones de *coaching* personal con mis clientes. Alguna tarde colaboro de manera altruista con La Akademia y Desata Tu Potencial, dos entidades que ayudan a jóvenes y adolescentes a tener una educación para su desarrollo personal y emocional. Si tengo alguna tarde libre, la dedico a realizar algún curso o a asistir a charlas sobre desarrollo personal. Llego

todos los días a casa en torno a las 21:00 horas y me suelo acostar en torno a las 00:00 horas. Con esto quiero que veas el nivel de energía del que dispongo, además de la motivación para realizar cosas que me mueven.
- Me considero una persona creativa y siempre estoy ideando proyectos nuevos para mi desarrollo y el de otras personas.
- Tengo un amplio círculo social en el que desenvolverme. Amigos, compañeros de los diferentes trabajos, familiares, conocidos con los que quedo de vez en cuando. Me siento orgulloso de poder relacionarme con tantas personas de diferentes ámbitos.
- Puedo confirmar que tengo una salud excelente, mis analíticas así lo confirman. Mi sistema inmunológico considero que es muy resistente, ya que puedo pasar años sin tomar ningún tipo de medicación, ni siquiera analgésicos para pequeños dolores.

Investigaciones de la Psicología Positiva demuestran que las personas que se sienten felices tienen más éxito.

Y no solo tienen más éxito, sino que ellas se perciben a sí mismas como con mejores condiciones laborales, familiares y de vida en general. La Positividad se relaciona directamente con mejor rendimiento en el trabajo, hecho probado en estadísticas reales. Estas personas funcionan mejor porque están más moti-vadas, y ello les lleva a ser más eficaces.

Al experimentar emociones positivas en tu cuerpo y en tu mente vas a obtener:

- **Beneficios Psicológicos**: cuando eres una persona positiva, tienes un alto nivel de energía que te hace tener mayor seguridad y más autoconfianza. Ello te lleva a que tus metas y tus objetivos sean más altos, a enfocarte en ellos y en caso de algún contratiempo, a recuperarte espectacularmente y seguir intentándolo.

- **Beneficios Mentales.** Un «cerebro feliz es un cerebro inteligente». Cuando eres una persona negativa no ves las oportunidades de tu alrededor, sino que percibes un entorno sombrío y amenazante, no abres tu mente a las múltiples posibilidades que existen. Por eso, cuando eres positivo, sí las ves y tomas mejores decisiones y más creativas. Al ser positivo recibes ideas continuas porque estás receptivo.
- **Beneficios en tu entorno.** Al ser una persona positiva estás más conectada, tienes más empatía, creatividad y motivación, lo que conduce a una mayor productividad. Esto hace que seas perfecta en cualquier trabajo. Tú misma creas un gran ambiente y relaciones de alta calidad. Además, en el ambiente familiar creas un clima de amor y cordialidad, sin conflictos.
- **Beneficios en tu salud.** En general, al ser una persona positiva eres físicamente más saludable. Tu presión arterial es menor, igual que tu nivel de estrés o la frecuencia cardiaca, y tu sistema inmunitario es fuerte y resistente. Ser positivo reduce la probabilidad de un infarto cerebrovascular y de otras enfermedades, desde la diabetes hasta la depresión.

6. EL EFECTO HELIOTRÓPICO

Un efecto que promueve la positividad y a mí me gusta mucho es el efecto heliotrópico. Este se define en botánica como el movimiento que realiza un organismo vivo buscando la luz del sol. Puedes comprobar, cuando viajas por las carreteras, los campos de girasoles que dirigen sus flores hacia el sol, y es que estas son plantas heliotrópicas.

Bárbara Fredrickson, una de las principales investigadoras de la psicología positiva, asegura que este efecto de florecer ante el sol es similar a los efectos de la positividad, al hacer florecer aspectos positivos de nuestras vidas. Serían los movimientos o esfuerzos que hace nuestra mente para enfocarse en las cosas positivas.

El profesor Kim Cameron, de la Universidad de Michigan, habla de este efecto y dice que los sistemas vivos tienden a acercarse a lo positivo en detrimento de lo negativo, y ha recopilado algunos hallazgos importantes que demuestran la preferencia de las personas por lo positivo.

Ha podido comprobar que en el ámbito de la percepción y la memoria:
1. Tenemos mayor facilidad para recordar y aprender palabras con connotaciones positivas que negativas.
2. En tareas de asociación libre, solemos responder más con términos positivos que negativos.
3. Recordamos más nuestras experiencias positivas que las negativas.
4. Buscamos los estímulos positivos y evitamos los negativos.

Tanto Kim Cameron como Bárbara Fredrickson concluyen que el efecto heliotrópico también se da con nuestras emociones. En diferentes estudios se ha comprobado la relación directa entre las emociones positivas y la longevidad. El hecho de experimentar emociones positivas predice la felicidad y el bienestar personal.

En mi opinión, puedes ser capaz de irradiar esa luminosidad hacia los demás, despertando tus fortalezas y habilidades en su beneficio, transmitiendo esa energía positiva que tienes cuando estás realizando lo que te gusta, construyendo relaciones de beneficio mutuo basadas en lo que cada uno hace bien, en lugar de fijarte en lo que hacen mal o no saben hacer, siendo generoso con los demás y ganándote su confianza y expresando gratitud en cada acción que te beneficia. En definitiva, transmitiendo amor y viviendo desde el amor.

En mis sesiones de *coaching*, tanto las que realizo de acompañamiento en La Akademia Valencia de manera altruista como las que realizo con mis clientes, he podido comprobar cómo cuando te vuelcas de manera positiva hacia la consecución de un trabajo bien hecho, los clientes te lo agradecen de una manera que se genera una energía positiva en la relación que hace que todo fluya. Es una energía que se retroalimenta, y cuanto más positividad doy, más positividad recibo. Al realizar un trabajo que me gusta y siento gratificante, soy capaz de invertir más amor tanto en lo que hago como en la relación, y noto que recibo mayores dosis de amor que me hacen sentir mejor y mi mente busca más momentos de luminosidad positiva.

7. EFECTO PLACEBO

El término placebo proviene del latín y significa dar placer. El placebo, en medicina, se define como cualquier procedimiento médico o sustancia que produce un efecto en el paciente por el poder de su intención terapéutica, no por su naturaleza en sí misma. Además, muchos tratamientos que son activos y provocan una mejoría real, también están constituidos por una parte o componente placebo. Es decir, la fe depositada por los profesionales junto a la del paciente aumenta en mayor medida su eficacia.

En consecuencia, el papel de las expectativas sobre el efecto placebo es importante, ya que lo que esperan las personas sobre algo tiene bastante peso en la realidad.

El efecto placebo no solo funciona con sustancias sino que puede aparecer al aplicar remedios menos usuales, como pueden ser oraciones, iconos mágicos u otras cosas.

Desde que en un hospital de campaña durante la Segunda Guerra Mundial, el cirujano Henry Beecher operó a un soldado inyectándole antes una solución salina tras haberse quedado sin morfina, y se dio cuenta de que el soldado reaccionó de la misma forma que lo hacían los que se les inyectaba el analgésico, se empezó a estudiar este fenómeno en la medicina.

Seguro que has oído hablar de las llamadas remisiones espontaneas de alguna enfermedad. En todas las tradiciones religiosas se habla de curaciones milagrosas. Existe mucha tradición actualmente de visitar lugares donde se producen este tipo de milagros, y me estoy refiriendo a Lourdes o Fátima, por nombrar algunos. Y es que la curación por la fe es un hecho que no se puede demostrar científicamente en la mayoría de los casos. Sí que se ha podido verificar que el hecho de otorgarle cierto significado a un ritual produce un efecto placebo que cambia el estado mental de algunas personas influenciadas por las condiciones que les rodean, hasta el punto de conseguir cambios físicos en sus cuerpos.

No fue hasta que Henry Beecher tuviera aquella experiencia placebo cuando se empezaron a realizar los llamados ensayos clínicos randomizados de doble ciego, donde a los pacientes se les distribuye aleatoriamente en grupos, donde se incluye un grupo placebo y en los que ni los pacientes ni los médicos que los atienden saben a qué grupo pertenece cada uno.

Yo tuve una experiencia con el placebo que te puede ser muy instructiva. En marzo de 2012, estando en una formación de *coaching*, el ponente comentó que era interesante visionar un vídeo de Bruce Lipton y Wayne Dyer titulado *Tú puedes curarte a ti mismo*. Tras ver el citado vídeo comencé a interesarme por el trabajo del profesor Lipton y su obra *La biología de la creencia*. A Wayne Dyer ya lo seguía desde hacía tiempo. Después de leer el libro del Dr. Lipton, todo cambió. Decidí voluntariamente que iba a dejar de tomar medicamentos. Fue una decisión valiente y arriesgada, pensé que si todas esas personas habían podido curarse sin medicación, por qué no iba a conseguirlo yo. Tengo que decir que mi salud siempre ha sido muy buena, aunque todos los inviernos pillaba algún constipado. Para poder realizar tal hazaña utilicé un placebo, tenía que agarrarme a algo donde apoyarme en el momento de notar síntomas de alguna dolencia o enfermedad. Mi placebo fue las típicas pastillitas de regaliz con forma de rombo que venden en cualquier quiosco. Así, compré mi primera caja de pastillitas y siempre la llevaba conmigo. Cada vez que me dolía la cabeza o cualquier otra parte del cuerpo, tomaba una pastilla de regaliz y me mentalizaba que esa era la medicina que debía tomar. Tengo que reconocer que al principio no fue fácil. Los primeros dolores no se iban ni con diez pastillas, hasta que conseguí «convencer» a mi mente de que eso era lo que me iba a curar. Pasados algunos años, ya pude prescindir de las pastillas de regaliz y sugestionarme sin tomar nada para que la dolencia desapareciera. Al final me di cuenta de que debía escuchar más a mi cuerpo; si me encontraba muy estresado, mi cuerpo me avisaba de que tenía que parar un poco; un dolor de cabeza me decía que tenía que cambiar los pensamientos; ante un resfriado, tenía que pasarme dos días en casa para reflexionar, beber mucha agua y dormir más. Esto es lo que me decía mi cuerpo a mí, o lo que yo interpretaba con lo que me pasaba. Actualmente, han pasado más de cinco años y sigo sin tomar medicamentos. También he cambiado mi placebo, ahora utilizo la meditación; meditar todos los días me ayuda a relativizar más todas las cosas, a aceptar todo lo que me ocurre pensando que algo tengo que aprender. Si siento un dolor, medito diez minutos y se me pasa.

Otra experiencia placebo que te puedo contar anterior a la antes citada es la siguiente: en cierta ocasión, tras jugar una partida de padel, comencé a notar un dolor muy fuerte en la rodilla; nunca había tenido un dolor similar. Como no cesaba, acudí al traumatólogo. El diagnóstico fue que tenía el menisco astillado y solo cabía una intervención quirúrgica. Así lo hice, me operaron con artroscopia. Tras la rehabilitación, dejé de tener el dolor y pude continuar jugando a padel. Pasado un año aproximadamente, tuve el mismo dolor en la otra rodilla, acudí al traumatólogo y el diagnóstico fue el mismo: el dichoso menisco. Decidí no operarme, y como en esa época ya había iniciado la toma de regaliz como placebo, cada vez que tenía dolor tomaba una pastilla de regaliz. Le dije a mi mente que esa era mi decisión, no iba a pasar más por el quirófano. No sé si el menisco lo continuaré teniendo astillado, ya que no he vuelto a ir al traumatólogo. Lo que sí sé es que hace más de cuatro años desde la última dolencia, que sigo jugando a padel y que la rodilla nunca me duele.

Existe otro efecto en el que una sustancia inerte produce efectos, esta vez perjudiciales, simplemente porque alguien cree o espera que le perjudique. Se trata del efecto nocebo, y este lo puedes ver en muchas personas cuando tras leer el prospecto de algunos medicamentos que han ingerido, experimentan tales efectos al asociar el fármaco con los efectos. Lo curioso es que si les cambias el medicamento por otro inocuo, siguen experimentando los mismos síntomas negativos.

Otra forma de comprobar el nocebo es cuando a alguien que cree firmemente en los hechiceros o en el vudú, le dicen que le han echado una maldición. De pronto enferman, sin antes haber tenido ningún síntoma ni haber tomado ninguna sustancia perjudicial. Simplemente sus pensamientos les han llevado a crear una realidad distinta y a pensar que el maleficio les haría enfermar.

De esta forma se pueden condicionar los pensamientos de una persona, tanto en sentido negativo como positivo, de la misma forma que Pavlov condicionó a sus perros con el sonido de la campana.

Las investigaciones neurológicas han demostrado que si te tomas una sustancia, tu cerebro activará una serie de circuitos llegando a memorizar lo que hace esa sustancia. Y eso te puede condicionar por el efecto de la medicación, al asociarlo con los cambios internos que has experimentado. Así, cuando luego tomas un placebo, se activan los mismos circuitos que al tomar la medicación.

El placebo y las creencias.

Un efecto similar es el que provocan tus creencias. Se le llama efecto bombeo, y es cuando alguien o algo de tu entorno desencadena una serie de creencias, haciendo que actúes de una determinada forma sin ser consciente de ello. Hay varios experimentos en los que se ha demostrado este efecto, la mayoría tienen que ver con los estereotipos. El psicólogo Claude Steele, de la Universidad de Stanford, es uno de los que más ha investigado este efecto. En cierta ocasión realizó una prueba matemática a estudiantes norteamericanos y asiáticos. A un grupo de norteamericanos se les dijo que los asiáticos sacaban, de promedio, calificaciones más altas en esta materia. Al grupo de control no se les dijo nada. El resultado fue que los estudiantes norteamericanos que creían que sacarían menores puntuaciones que los asiáticos confirmaron su creencia, y no ocurrió esto con el grupo de control.

Las conclusiones a las que se llega con estas investigaciones son que aquello que te han condicionado a creer sobre ti mismo y lo que te han condicionado a creer que los demás piensan de ti, afecta a tu rendimiento, así como al éxito que tendrás.

En otra investigación realizada por la psicóloga de la Universidad de Harvard, Ellen Langer, se les pidió a un grupo de ancianos de entre 70 y 85 años que viajaran hasta un monasterio para realizar un retiro de cinco días en el que les pedían que fingieran volver a ser jóvenes. Debían de actuar como si tuvieran veintidós años menos. A la semana siguiente le pidió esto mismo a otro grupo de edades similares, aunque ellos no debían fingir que tenían menos edad. Este era el grupo de control.

Al llegar el primer grupo, todo estaba dispuesto para recrear la época en la que tenían que fingir, para ayudarles a imaginar que tenían veintidós años menos.

Antes y después del transcurso del retiro, a todos los participantes se les había realizado la medición de diferentes parámetros. Al comparar las diferentes mediciones de antes y después del retiro, las conclusiones fueron las siguientes: los cuerpos de los ancianos de los dos grupos habían rejuvenecido fisiológica y funcionalmente, aunque los que fingieron ser más jóvenes rejuvenecieron mucho más que los del grupo de control, que únicamente debían recordar cómo se sentían veintidós años atrás.

Se descubrieron mejoras en cuanto a la altura, el peso y la forma de andar. Al mantenerse más erguidos, aumentó su altura. Sus articulaciones se volvieron más flexibles. Mejoró su vista y audición. La memoria se les agudizó y sacaron una mejor puntuación en las pruebas de cognición mental; el primer grupo aumentó un 63% y el grupo control un 44%.

Fueron capaces de activar los circuitos cerebrales que les recordaban quiénes eran veintidós años atrás, y la química de su cuerpo cambió de tal modo que además de sentirse más jóvenes, se volvieron más jóvenes físicamente. Los cambios que registró su mente se apreciaron en su cuerpo.

La respuesta a estos hallazgos tan sorprendentes está en la epigenética, esa ciencia que te enseña que tu destino no depende de tus genes, y que un cambio en tu conciencia puede producir cambios físicos en tu cuerpo.

Condicionamiento del entorno

He hablado antes del condicionamiento de los pensamientos en tu mente. También te puede condicionar el entorno, y la prueba la tienes con los drogadictos que ya han dejado de consumir drogas y los pones en el mismo ambiente en el que se drogaban. Solo por el hecho de estar en ese entorno se activan unos cambios fisiológicos en su cerebro que les anima a consumir drogas. Se trata de un proceso automático involuntario.

En una investigación de la Universidad de Victoria, en Wellintong, Nueva Zelanda, en la que participaron 148 estudiantes universitarios, se pudo comprobar los efectos del entorno. Recrearon un ambiente parecido a un bar, a uno de los grupos de jóvenes se les dijo que les darían vodka con tónica y al otro grupo solo tónica. En realidad, les dieron solo tónica a los dos grupos, aunque prepararon botellas de vodka en las que previamente habían puesto únicamente tónica. Los investigadores reprodujeron el ambiente de un bar con mucho realismo. El resultado fue que los estudiantes que pensaron que estaban bebiendo vodka se emborracharon y tuvieron comportamientos como si estuvieran bebidos realmente. ¿Qué pasó? Pues que por medio del recuerdo asociativo, su cerebro y su cuerpo respondieron de la forma habitual para ellos. Tras contarles la verdad, los estudiantes insistían en que realmente se habían sentido borrachos. La creencia de estar tomando alcohol les hizo reaccionar como si realmente lo estuvieran haciendo.

Tras conocer esta investigación, yo mismo realicé una investigación en uno de los establecimientos de hostelería que regentaba. Se trata de una cafetería a la que siempre acuden los mismos clientes y en la que siempre toman el mismo tipo de café. Junto a la cafetera tenemos dos molinos de café, uno para el café descafeinado y otro para el normal. Una mañana se me ocurrió cambiar el café de cada uno de los molinos durante toda la mañana, con lo que las personas que tomaban café con cafeína ese día lo tomaron descafeinado y a la inversa. Fui anotando las personas que ese día tomaron café; algunas de ellas tomaron entre tres y cuatro cafés esa mañana. A la mañana siguiente les pregunté que si habían notado alguna diferencia en el café del día anterior ya que, por error, había puesto el café diferente. Algunas personas me dijeron que no habían notado nada, pero la mayoría de los que tomaban café con cafeína afirmaron haber estado más dormidos ese día y los que tomaban descafeinado dijeron no haber dormido bien durante la noche.

Hasta aquí todo fue normal. Lo sorprendente fue que transcurrido un mes, volví a decirles a mis clientes que «por error», había cambiado el café. Sin embargo, no cambié nada y las respuestas fueron las mismas. Las personas que creían haber tomado descafeinado confirmaron haber estado más dormidas y las que pensaban que el café contenía cafeína dijeron haber dormido peor esa noche. Todos habían tomado el mismo café al que estaban acostumbrados; sin embargo, al creer que era diferente notaron unas sensaciones distintas.

El estado mental que el entorno te genera puede ayudar a tu cerebro y a tu cuerpo a curarse. En un hospital de Pensilvania se pudo comprobar cómo los pacientes que disfrutaban de unas vistas de un gran arbolado a través de sus ventanas se curaban antes que los que tenían como vista un muro de ladrillos. Los del arbolado necesitaban tomar menos medicación para el dolor y les daban el alta entre siete y nueve días antes que a los del muro.

Yo tuve una experiencia relacionada con el estado mental. Estaba realizando un curso para emprendedores en el que realizamos muchas dinámicas grupales e individuales. Una de ellas consistía en que tenía que partir una tabla de madera de dos centímetros de grosor con la fuerza de mi mano. La persona que dirigía el curso creó un ambiente de superación en el que todos nos veíamos capaces de realizar semejante hazaña. Además, él mismo la realizó delante de nosotros para que pudiésemos comprobar que era posible. Por supuesto que la gran mayoría de los participantes fuimos capaces de hacerlo. Y es que cuando adquieres la firme intención de realizarlo, la energía de esa decisión crea los cambios internos en tu cerebro y tu cuerpo que te hace inmune a las condiciones externas del ambiente durante un periodo limitado de tiempo.

Por otro lado, y relacionado con el efecto placebo, hace un tiempo leí un libro titulado *Los secretos de las personas que nunca enferman*, de Gene Stone. En él, veinticinco personas cuentan su particular secreto para tener una salud excelente. Se dice que el autor ha investigado para asegurarse de que los casos tienen una base científica. En el citado libro se incluye un subtítulo que dice: «Lo que saben, por qué funciona y cómo te puede funcionar a ti».

Se trata de que veinticinco personas diferentes han encontrado veinticinco secretos de salud diferentes. Desde comer ajo hasta darse duchas de agua fría todos los días; desde hacer levantamiento de pesas hasta mantener una dieta vegetariana, o desde hacer la siesta hasta asistir a sesiones de yoga. A cada persona le ha servido una de estas cosas para vivir más años.

Cuando lo leí me pareció sorprendente que todas esas personas hubieran conseguido ser más longevas gracias a algo que habían adquirido como hábito en sus vidas. Y me hice la siguiente pregunta: ¿Si utilizo cada una de las técnicas o remedios conseguiré ser mucho más longevo? El problema está en que algunas de ellas se contradicen: a alguien le va bien comer suciedad y a otro evitar los gérmenes, a unos les va bien comer caldo de pollo y a otros mantener una dieta vegetariana.

Después de probar algunos de los secretos de los que habla el libro, llegué a la conclusión de que cada una de estas personas podía afirmar que ese era su secreto para mantenerse más longevo porque era el que a ellos les funcionaba, porque creían firmemente en él. Se agarraban a él como si fuese el verdadero elixir de la juventud. Pensaron que habían encontrado la combinación perfecta para mantenerse sanos. Y es que la forma en la que piensas sobre tu salud puede resultar tan importante como cualquier otro aspecto a la hora de determinar cómo te encuentras. Son esos pensamientos y las creencias derivadas de ellos las que concluyen cómo te vas a encontrar. Una vez más, el efecto placebo funciona: si tú crees que darte una ducha de agua fría todas las mañanas va a ser beneficioso para tu salud, así será, y si crees que lo es mantener una actitud positiva o tomar todos los días suplementos de vitamina C, así será también. Además, si cada uno de estos hábitos, o el que para ti sea el más idóneo, lo llevas a cabo con constancia y determinación, estoy seguro de que te va a funcionar y podrás proclamar a todo el mundo, como los ejemplos del citado libro, que ese es el secreto para mantenerte joven o vivir más años.

SEGUNDA PARTE

LA ACTITUD

La revolución más grande de mi vida es el descubrimiento de que los individuos pueden cambiar los aspectos externos de su vida cambiando las actitudes internas de su mente.
WILLIAM JAMES

Si no está en tus manos cambiar una situación que te produce dolor, siempre podrás escoger la actitud con la que afrontes ese sufrimiento.
VIKTOR FRANKL

Cuando no se puede lograr lo que se quiere, mejor cambiar de actitud.
PLUBIO TERENCIO AFRICANO

No hay alivio más grande que comenzar a ser lo que se es.
ALEJANDRO JODOROWSKY

El egoísmo que genera el sistema hace que los gobernantes antepongan su éxito personal a su responsabilidad social.
ERICH FROMM

Según Víctor Kuppers el valor de una persona se mide por la siguiente fórmula:

$$V = (C + H) \times A$$

donde la C son los conocimientos que adquieres a lo largo de tu vida, la H es la habilidad que vas desarrollando con tu experiencia y la A es la actitud que muestras o tu manera de ser. Lo más importante de esta fórmula es que la C y la H suman, y la A multiplica. Para Kuppers, la diferencia entre ser grande o mediocre no está en los conocimientos o habilidades que tienes, sino en la actitud que demuestras, en tu manera de ser ante la vida.

1. EL PODER DEL CAMARERO

A lo largo de mi vida he tenido muchas etapas como emprendedor, la mayoría de las veces en el ámbito de la hostelería. Mi experiencia en este mundo me ha enseñado muchas cosas, y la que más me ha marcado es la que yo he llamado el poder del camarero.

- *He calculado que el contacto de un camarero con cada cliente que visita un establecimiento de hostelería para pedir un café no supera de media un minuto. Es el tiempo que suman el saludo, la pregunta «¿Qué desea tomar?», lo que pide el cliente, cuando le sirve la taza, la hora de* pasar la cuenta y la despedida. Son varios momentos diferentes, pero el verdadero contacto entre el camarero y el cliente es bastante breve.

- Durante ese minuto el camarero tiene una gran oportunidad, que es lo que yo llamo el poder del camarero. Independientemente de la calidad del café, en ese minuto el camarero tiene ante sí tres opciones, o mejor dicho tres posibles resultados:
  1. En ese minuto puede conseguir que la persona se marche peor de lo que ha llegado, si se muestra grosero.
  2. O bien puede hacer que esa persona se vaya igual que ha venido, si la trata con indiferencia.
  3. Y también tiene la oportunidad de que esa persona salga del café mejor de lo que ha entrado, si le regala un poco de amabilidad.

¿De qué depende que el camarero obtenga uno u otro resultado? Por supuesto que es su actitud la que va a determinar que el resultado sea diferente.

Tanto para un servicio de hostelería como para la venta de algún producto u otro tipo de servicio que ofrezcas, es primordial que mantengas una buena actitud. Si te das cuenta, todos vendemos algo. En tus interacciones con los demás durante el ejercicio de tu profesión, siempre tienes algo que vender.

Cuando vendes algo o das un servicio, debes ser consciente de la oportunidad que se presenta ante ti. Es en los primeros momentos de ese encuentro con el cliente donde vas a mostrar tu cercanía y las ganas que tienes de realizar un buen servicio o venta. Y es que todo va a depender de la actitud que muestres ante la vida y ante las personas con las que te relaciones.

Desde que tenía 8 años pertenezco a una empresa familiar dedicada a la hostelería y he podido comprobar, muy directamente, el verdadero poder del camarero. En ocasiones no tenía ganas de atender a alguien y lo hacía de mala gana, sobre todo en mi adolescencia. Esto tenía un efecto inmediato: perder el cliente. Es muy difícil conseguir clientes y muy fácil perderlos. Mi actitud ante los clientes ha resultado decisiva para el éxito en mis negocios.

Ahora me dedico a algo que me apasiona, el *coaching* y la psicología. En estos casos también he podido comprobar cómo este principio tan poderoso de mantener una buena ACTITUD es crucial para conseguir y mantener clientes. Teniendo una actitud de servicio a los demás, poniendo el foco en el cliente. Resulta mucho más fácil mantener una actitud positiva cuando realizas una actividad que te apasiona. Si no es tu caso, si estás realizando una actividad que te resulta monótona y aburrida, prueba a mantener una actitud positiva en tus relaciones con los clientes y también podrás comprobar los beneficios que obtienes.

Es fundamental aprender a tener actitud positiva en todo momento para alcanzar las metas que desees. Mantener este tipo de actitud posibilita que aumente tu autoestima y que puedas tener los comportamientos idóneos para lograr todo lo que te propongas. Tus acciones son el fruto de tus pensamientos. Los pensamientos negativos se van a ver reflejados en todo lo que ocurre a tu alrededor. Si piensas que algo va a salir mal, tienes muchas más posibilidades de que esto ocurra. De la misma manera, si piensas que todo a tu alrededor está bien, que todo lo que haces va a salir como tú quieres, también tienes mayores posibilidades de que esto sea así.

Todo depende de dónde pones el foco. Si en tu diálogo interno no paras de machacarte con pensamientos catastrofistas, estás enfocándote en las catástrofes; en cambio, si modificas ese diálogo por uno más positivo, en el que te sientes fuerte para superar cualquier obstáculo y donde todo fluye en armonía, vas a ser capaz de cambiar la situación y hacer que todo salga bien. No importa lo que pase a tu alrededor, trata de verle el lado positivo a las situaciones y siempre se lo encontrarás. No es que de esta manera estés queriendo tapar las cosas negativas que ocurren a tu alrededor, que seguramente van a seguir ocurriendo, sino que al enfocarte en las positivas, las otras, van a pasar desapercibidas para ti, ya que no vas a prestarles atención. Es como cuando vas a comprarte un coche nuevo y ya solo ves ese mismo modelo por todas partes. Aunque no lo creas, tu mente puede ser entrenada para localizar cosas positivas en cualquier situación. Siempre que estés centrado en buscar lo bueno, vas a encontrar solo cosas buenas y tu actitud va a mejorar considerablemente.

2. CÓMO LOGRAR UNA ACTITUD POSITIVA

La actitud que tomas frente a los problemas que se te presentan en la vida es finalmente la que determina la dimensión e importancia de los mismos. Recuerda que hay dos formas de ver el vaso: medio lleno o medio vacío.

Esto no es ni más ni menos que una cuestión de dos actitudes antagónicas: la actitud positiva y la actitud negativa. Sin dejar de ser realista o soñador, puedes transformarte en una persona más positiva y creativa para vivir las circunstancias de una manera menos traumática y más relajada.

Por eso, para dejar de ver todo negro y cultivar una verdadera «actitud positiva», te propongo las reglas de oro a modo de ejercicios que, si las sigues al pie de la letra, harán de ti una nueva persona:

EJERCICIO 21

Piensa solo en lo bueno
Levántate mañana pensando que todo lo que te va a ocurrir ese día va a ser fantástico. Piensa que no tienes posibilidad de fallar al realizar cualquier acción. Busca el lado bueno de cada cosa que hagas.

En la vida no todos los momentos son buenos, hay algunos peores que otros e incluso algunos son indeseables. La clave está en aceptar los hechos que son irremediables sin ningún tipo de frustración. Si te esfuerzas en buscarlos, todas las cosas tienen un lado positivo que te puede ayudar a ver la situación más favorable. Si encuentras esos momentos, se van a ver reflejados en tu actitud.

EJERCICIO 22

Busca el aprendizaje
Si algo te sale bien, perfecto; si no te sale bien, pregúntate que has aprendido. Ya sabes, el fracaso no existe, solo existen aciertos y aprendizajes. De cada acción que realices puedes sacar una conclusión positiva, la experiencia de cada momento problemático te va a hacer más fuerte para afrontar el siguiente. Si tienes clara tu meta siempre vas a encontrar la mejor manera de acercarte a ella. Solo hay dos opciones: éxito o aprendizaje.

Para comprobarlo, hazte preguntas positivas del tipo:

¿Qué tiene esto de bueno?
¿Qué le falta para ser perfecto?
¿Qué puedo hacer yo para mejorarlo?

EJERCICIO 23

Pon el foco en la solución
Cuando te enfrentes a una situación difícil, piensa en lo que quieres y no en lo que temes. Piensa en la solución, o posibles soluciones, y no en los obstáculos que te lo impiden. Si la situación es muy complicada, divídela en trocitos. Ya sabes, ¿cómo te comerías un elefante? A trocitos. Pues eso tienes que hacer con la situación problemática, dividirla de manera que te resulte más fácil resolverla.

EJERCICIO 24

Vive el presente

Todas las situaciones que te preocupan están ocurriendo ahora, en este momento, en el presente. El pasado ya no existe. Deja de lamentarte por lo que pudiste haber hecho y no hiciste. Piensa en la situación a resolver y busca una solución al futuro. Fíjate dónde estás y dónde quieres estar. Sé consciente del momento que te ocupa, de la situación actual y visualiza la solución en el futuro. Sitúate en el momento en el que has conseguido lo que quieres y recréate en él. Piensa con todo detalle cómo será cuando lo consigas, cómo te sentirás.

Si piensas continuamente en lo que debes o puedes hacer en el futuro, te pierdes vivir el presente. Si te lamentas constantemente por las cosas del pasado, no avanzas. Además, este tipo de pensamientos alimentan la ansiedad y las preocupaciones y no te permiten disfrutar de los pequeños momentos que te da la vida.

Para dejar de divagar y angustiarte por lo que todavía no sucedió, o lamentarte por lo que pudiste hacer y no hiciste, nada mejor que centrar todos tus sentidos en el aquí y ahora, sin dejar de lado tus sueños y proyectos. Al vivir el presente se reducen los sentimientos de ansiedad y tu vida se enriquece.

Te muestro otro cuento que ilustra este ejercicio:

Un profesor fue invitado a dar una conferencia en una base militar, y en el aeropuerto le recibió un soldado.

Mientras se dirigían a recoger el equipaje, el soldado se separó del visitante en tres ocasiones: primero para ayudar a una anciana con su maleta; luego, para ayudar a dos niños a subir a un columpio, y después, para orientar a una persona. Cada vez regresaba con una sonrisa en el rostro.

—¿Dónde aprendió a comportarse así? —preguntó el profesor.

—*En la guerra* —*contestó el soldado.*

Entonces le contó su experiencia en la guerra. Su misión había sido limpiar campos minados. Durante ese tiempo había visto cómo varios amigos suyos encontraban una muerte prematura.

—*Me acostumbré a vivir momento a momento* —*explicó*—. *Nunca sabía si el siguiente iba a ser el último. Por eso tenía que sacar el mayor provecho posible del momento presente, el que transcurría entre levantar un pie y volver a apoyarlo en el suelo. Me parecía que cada paso era toda una vida.*

EJERCICIO 25

Planifica tus metas

Si quieres tener éxito en algo, lo tienes que planificar. Cada meta que desees alcanzar debes de planificarla. Para ello, responde a estas preguntas por escrito:

¿Qué quieres?
¿Qué te falta?
¿Cómo lo vas a hacer?

Escribe tus metas y pon una a una todas las acciones que vas a realizar para conseguirlas. De esta manera tendrás, de una forma más visual, todo el recorrido que tienes que realizar y para tu mente será más fácil trazarse las estrategias a seguir. Al tener metas, extraes energía del entusiasmo que pones para obtenerlas.

EJERCICIO 26

Actúa

Piensa solo en lo bueno que te puede ocurrir, busca el aprendizaje en lo que hagas, pon el foco en la solución, deja de pensar en el pasado para concentrarte en el presente o el futuro y planifica tus acciones. Todo esto está muy bien, aunque no tiene ningún sentido si no te pones en marcha. La acción es la que te va a llevar al lugar donde quieres estar. Sin acción no hay resultados. Visualiza lo que quieres conseguir, ponlo por escrito, planifícalo y actúa. Todas estas acciones, manteniendo una actitud positiva, te llevarán al lugar donde quieres estar.

Pasa cuanto antes a la acción, aunque no tengas ganas haz lo que tengas que hacer inmediatamente. Practica un deporte, haz alguna actividad física, recrea tu mente dando un paseo. De esta forma elevas tus niveles de adrenalina y serotonina, aumentando el optimismo y desechando los pensamientos negativos y por tanto, ayudándote a conseguir una actitud positiva.

EJERCICIO 27

Haz ejercicios de relajación
Cuando te encuentres mal por alguna causa, la solución es la relajación. Te ayudará a olvidarte de los pensamientos negativos y hará que bajen tus niveles de estrés. Para comenzar con esta técnica, lo mejor es que te concentres en tu respiración; nota como entra el aire en tus pulmones y como sale al exterior. Concéntrate en tu respiración abstrayéndote de todo lo exterior. Retira el foco de atención de tus pensamientos y dirígelo hacia tu cuerpo; haz un repaso por cada una de las partes de tu cuerpo: pies, piernas, abdomen, pecho, brazos, manos, cabeza... Siente la energía que circula por cada una de las partes. Cuando aprendas a relajarte, ya estarás preparado para meditar. Meditar es realizar una relajación profunda y entrar en un estado en el que fluyes. Más adelante verás un ejercicio con ésta técnica.

EJERCICIO 28

Presta atención a los demás
Creerte el centro del universo solo alimentará las obsesiones que tienes por ti mismo. Poco a poco, comienza a cen-

trarte en los demás y recuerda que ayudar al prójimo puede ayudarte a sentirte mejor y más positivo. Los problemas de los otros pueden hacerte tomar conciencia de que no todo lo que te pasa es tan grave. La felicidad se haya en dar y ayudar a los demás. Puedes dar felicidad generando felicidad. Y piensa que los actos altruistas activan las zonas del placer en el cerebro.

EJERCICIO 29

Sé tú mismo
Para cultivar una actitud positiva, nada mejor que ser uno mismo. Tanto las comparaciones, como las idealizaciones de cómo deberías ser tú y de cómo deberían ser las cosas, son muy perjudiciales para tu salud mental y tu autoestima. Lo mejor es aceptarte tal cual eres y tratar de cambiar aquellas cosas que te molestan de ti mismo, pero dejando de lado las comparaciones, pues cada persona es única.

La actitud no es una conducta, es una predisposición adquirida para actuar que regula tu conducta. Es importante que tengas muy en cuenta tu actitud, ya que según cual sea esta frente a una situación de cambio, estarás predispuesto de forma positiva o negativa. Puedes adoptar una actitud reactiva, negativa, ser conformista y solo ver problemas, o puedes adoptar una actitud constructiva, positiva, superadora de conflictos y que genere proactividad.

3. ACTITUD Y EMOCIONES POSITIVAS

Tener buen sentido del humor y desarrollar otras emociones positivas potencia el sistema inmunológico, y como consecuencia de ello, disminuye la posibilidad de padecer enfermedades.

El psiquiatra William Fry, perteneciente a la Sociedad Internacional de Estudios sobre el Humor, y el psiconeuroinmunólogo Lee Berk, profesor de la Universidad de Loma Linda, en California, son pioneros en las investigaciones del humor como terapia.

En uno de sus estudios analizaron muestras de sangre de un grupo de voluntarios después de visionar una película de risa, y comprobaron que el número y el nivel de actividad de las células del organismo encargadas de defenderlo de ataques externos habían aumentado considerablemente.

Como conclusión, es interesante que realices este ejercicio siempre que puedas para fortalecer tu sistema inmunológico.

EJERCICIO 30

Cuando puedas, como mínimo una vez a la semana, **visiona una película de risa**, de esas que te pasas toda la película de carcajada en carcajada. Al finalizar, fíjate en tu nivel de energía y en que si tenías alguna dolencia, prácticamente ha desaparecido.

Otros estudios realizados a pacientes, a los cuales se les había diagnosticado tumores cancerígenos, han demostrado que los pacientes optimistas tienen mayores probabilidades de continuar con vida transcurrido un año del diagnóstico de su enfermedad.

El sentido del humor, la esperanza, el optimismo, la gratitud o el perdón, son algunas de las variables psicológicas que se relacionan con mejores pronósticos, periodos de recuperación más cortos, menor sensación de dolor y menor utilización de fármacos.

El siguiente ejercicio te ayudará a mejorar en caso de padecer alguna dolencia o enfermedad:

EJERCICIO 31

Mantén una actitud positiva ante la enfermedad
Eso va a contribuir a prolongar tu vida en los casos más graves y te procura un mayor bienestar físico y psicológico. Si tienes alguna dolencia actualmente, mantén una actitud totalmente positiva pensando y actuando como si ya estuviese curada. Si la enfermedad es grave va a ser más difícil y costoso, aunque te aseguro que mejorarás.

Mantener la positividad es un poderoso proceso que puede cambiar tu vida si aprendes a utilizarlo conscientemente.

La psicóloga positiva Matthew Della Porta, dedicado al asesoramiento organizacional, explica que en general, las personas muestran una preferencia cognitiva por sus fracasos y tienden a ser más negativas que positivas. El hecho es que tu cerebro tiende a ser más propenso a buscar información negativa y guardarla en la memoria. ¿Por qué ocurre esto? El cerebro actúa como un mecanismo de defensa, ya que esa preferencia no siempre es mala, pues aprender a identificar qué situaciones son peligrosas, o identificar los problemas y enfrentar las dificultades te hace aprender a encontrar posibles soluciones. Únicamente llega a ser peligroso cuando le das poder al pensamiento negativo, ya que de esta manera, exageras tus fracasos, y tu vida puede girar en torno a escenarios llenos de negatividad.

La clave está en tu propia actitud

Es fundamental que seas consciente de que el único responsable de tus pensamientos eres tú. Tus acciones vienen determinadas por tus pensamientos. Si eliges tener pensamientos negativos, tendrás actuaciones negativas. Si decides tener pensamientos de positividad, has de estar preparado para recibir multitud de beneficios:

- **Disminuye la depresión y evita padecerla**

Se han hecho estudios con personas con depresión en los que simplemente el recordar todos los días las cosas positivas que habían realizado, les ha reducido considerablemente los niveles de depresión. Martin Seligman realizó un estudio en el que les pedía a varios pacientes que sufrían depresión severa que, al final de día, recordasen al menos tres cosas positivas que les habían ocurrido. Al cabo de quince días los pacientes habían pasado a tener depresión leve o moderada.

EJERCICIO 32

Prueba a hacerlo hoy mismo. Cada día antes de irte a dormir escribe en un diario al menos tres cosas positivas que te han sucedido durante el día. Esto te ayuda a hacer un recordatorio de todo el día y a centrarte solo en lo positivo. Después, mientras duermes, tu subconsciente se encargará de grabar estos sucesos para que los vayas recordando.

- **Aumenta la esperanza de vida**

En los países donde la esperanza de vida es mayor, se ha podido comprobar que las personas tienen una actitud más positiva frente a la vida. Además de la importancia de la dieta, la actitud frente a los sucesos que ocurren y tomarse las cosas con calma son fundamentales para contar con una población más longeva. Así, actualmente, los países con mayor longevidad son por este orden: Hong Kong, Japón y España, según el Informe Global de Competitividad 2016-2017 del Foro Económico Mundial.

- **Mejora las habilidades sociales**

La habilidad para relacionarte con los demás se ve influenciada por el tipo de pensamientos que tienes. Así, si mantienes pensamientos positivos y como consecuencia, realizas acciones positivas en beneficio de la comunidad, tu red social aumentará y mejorará considerablemente.

EJERCICIO 33

Relaciónate con las personas de tu entorno con una actitud totalmente positiva. Acércate a ese vecino que nunca saluda y comenta el buen día que hace, o pregunta cómo le va el trabajo a tu vecina de enfrente. Verás que conforme lo practicas, tienes mayores habilidades a la hora de relacionarte, además de conseguir tener una red social más amplia.

- **Beneficios en la salud física y mental**

Ni qué decir tiene que el hecho de aumentar tus pensamientos positivos frente a los negativos va a mejorar tu salud mental. Además, tu salud física también va a verse beneficiada, ya que el sistema inmunológico se ve fortalecido.

- **Mejora la predisposición para superar retos**

Al aumentar tu positividad, aumentan las posibilidades de superar los desafíos que se presentan en la vida. Con una actitud positiva, siempre vas a encarar de una manera más proactiva cualquier reto que quieras alcanzar, ya que minimizas las posibilidades de frustración.

Cuando te haces responsable de tu actitud y la enfocas con positividad, aceptas que el cambio solo depende de ti, y es cuando te responsabilizas de que vas a poder elegir tener una visión más positiva de tu entorno.

Tus pensamientos son los responsables de tus sentimientos. Por ello, cuando tienes pensamientos negativos sobre alguna situación, inmediatamente te empiezas a sentir mal.

Si tienes una entrevista de trabajo muy importante para la que te has preparado muy bien, y llegas a ella pensando que no te van a coger, que seguro que ya tienen al candidato adecuado, que dónde vas tú a esa empresa tan importante, que tu curriculum no es suficiente, lo más lógico es que te invada la preocupación, las dudas, el miedo y se genere en ti un sentimiento de ansiedad que te haga tirar por tierra todo lo que tenías preparado. Sin embargo, si tus pensamientos son positivos y crees que eres el candidato que necesitan, que estás preparado para el puesto y confías en tus posibilidades, ello te va a transmitir confianza y seguridad para enfrentarte con más tranquilidad a la entrevista.

EJERCICIO 34

Supera eso que no te atreves. Haz la prueba en cuanto tengas la oportunidad. No hace falta que sea ante una entrevista de trabajo, puede ser para la realización de un examen, para solicitar un aumento de sueldo o para iniciar un nuevo proyecto emprendedor. No te quedes parado, ve a por lo que quieres.

Por todo ello es fundamental que seas consciente de los pensamientos negativos automáticos que genera tu mente, que los identifiques y comiences a invitarlos a salir para dar cabida a pensamientos de positividad.

Una de las claves para todo esto es el autoconocimiento y a partir de aquí, aceptarte tal como eres, con tus defectos y virtudes. Es importante que aprendas a entender que no eres perfecto y que te centres mucho más en tus posibilidades, que las hay.

Además, algo fundamental que he podido constatar es la ayuda que supone el ser agradecido. Aprender a dar las gracias por todas las cosas buenas que tienes en tu vida, te ayuda a equilibrar en tu cerebro la tendencia a la negatividad y te permite tener tiempo para estudiar la situación y recordar un evento positivo. Ya he hablado de las afirmaciones positivas. Úsalas. Trata de pensar en esas afirmaciones positivas que te ayudan y repítelas con frecuencia. Mientras más escuchas un mensaje, mayores son las probabilidades de que te lo creas. Si repites cada mañana afirmaciones positivas con convicción, estarás entrenando tu cerebro para que las crea, y con el tiempo aprenderás a internalizarlas, además de influir en tu manera de interpretar eventos negativos, con lo que te volverás más fuerte psicológicamente.

La principal razón por la que algunas personas se decepcionan del pensamiento positivo es porque tienen la falsa idea de que al pensar positivo, solo eventos y resultados positivos llegarán a su vida. ¡Nada más equivocado! Pensar positivo no garantiza que en la vida no habrá situaciones complicadas o desagradables, pero sí es la forma ideal para que aprendas a afrontarlas de manera diferente, y con una actitud ganadora. Aprende a aceptarlas y vivirás mejor.

4. EXPRESAR GRATITUD PARA SER FELIZ

En un artículo publicado en el Journal of Personality and Social Psychology en el año 2003 por los psicólogos Robert A. Emmnons, de la Universidad de California, y Michael E. McCullough, de la Universidad de Miami, se determinaron las conclusiones de un estudio sobre la gratitud al que llamaron «Dar las gracias por lo que uno tiene en lugar de preocuparse por sus desgracias: Investigación experimental sobre la gratitud y el bienestar subjetivo en la vida cotidiana».

En el mencionado estudio se les pidió a un grupo de participantes que escribieran cinco cosas por las que estaban agradecidos, una vez por semana durante diez semanas seguidas. Otro grupo tenía que concentrarse en cinco problemas cotidianos, y un tercer grupo, en cinco cosas importantes que les habían ocurrido en sus vidas.

Las conclusiones fueron que las personas que tuvieron que manifestar gratitud se sintieron mucho más optimistas y satisfechas con su vida; incluso su salud física mejoró.

Tanto en este como en diferentes estudios más realizados por la Doctora Sonja Lyubomirsky, profesora de la Universidad de California, especialista en estudiar los mecanismos que llevan a conseguir la felicidad, se han podido determinar los múltiples beneficios de expresar la gratitud.

Aquí voy a nombrar ocho de los más significativos en los que expresar gratitud aumenta tus niveles subjetivos de felicidad:
- Pensar con gratitud te ayuda a saborear las experiencias positivas de la vida.
- Expresar gratitud refuerza tu autoestima y el amor propio.
- La gratitud te ayuda a afrontar el estrés y el trauma.
- La expresión de gratitud estimula el comportamiento moral.
- La gratitud puede ayudar a establecer vínculos sociales y fortalecer las relaciones.
- Tiende a inhibir las comparaciones envidiosas.
- Ser agradecido reduce y evita tener emociones negativas.
- Te ayuda a frustrar la adaptación hedonista.

Hay diversas maneras de practicar la gratitud. Aquí voy a exponer algunas de las más significativas y que cosechan mejores resultados para aumentar tu felicidad.

EJERCICIO 35

Escribe un diario de gratitud
Elige un momento tranquilo del día para poder reflexionar; sería conveniente hacia el final del día, antes de irte a dormir. Piensa en cinco cosas por las que estés agradecido en ese momento. Puede tratarse de cosas sin importancia, como que tu vecino gruñón te ha dado los buenos días, hasta cosas mucho

más sorprendentes como que tu hijo ha dicho sus primeras palabras. Puedes pensar en las personas que te quieren o en las cosas que haces bien para ti o para los demás. Lo puedes hacer una vez al día, una a la semana o dos veces al mes. Tú decides, de una manera u otra los resultados los vas a poder ver.

EJERCICIO 36

Ten sentimietos de gratitud

Si crees no tener mucho tiempo para dedicar a la escritura de tu diario de gratitud, otra posibilidad es, una vez al día, en la que estés tranquilo, agradecer todo lo bueno que tienes en la vida. Os voy a explicar cómo lo hago yo:

Cada mañana cuando salgo de mi casa para ir a trabajar, me cuesta dos minutos llegar donde tengo el coche aparcado (alguna vez lo aparco un poco más lejos para dedicar más tiempo a esta actividad). Durante ese tiempo voy agradeciendo todo lo bueno que tengo en mi vida. En mi diálogo interno voy diciendo: «Gracias por este nuevo día; gracias por esta nueva oportunidad para ser mejor; gracias por mi mujer y los hijos tan maravillosos que tengo, por mis padres, que me dieron la vida. Por mis hermanos. Gracias por la casa tan estupenda en la que vivo, por mi coche, que me lleva a todas partes. Gracias por mi trabajo, que me hace sentir realizado. Y sobre todo, gracias por todo lo bueno que está aún por llegar a mí».

Así comienzo cada día y os puedo asegurar que, desde que lo hago, llego al trabajo con mejor humor y me siento mucho más feliz.

EJERCICIO 37

Expresa gratitud a una persona

Se trata de hablar con esa persona que tú sientes que le tienes que agradecer algo y decírselo abiertamente. Puede ser por teléfono, cara a cara, por email o incluso a través de WhatsApp. Puedes hacerlo con tus padres, hermanos, esos amigos que te hacen favores o alguien que se ha portado bien contigo y se lo quieres agradecer.

Un ejercicio muy potente que suelo hacer con mis clientes de *coaching* es pedirles que escriban una carta de agradecimiento a alguien que sientan que se lo deben, especificando con todo detalle lo que esa persona ha hecho por ellos y exactamente de qué manera ha afectado en sus vidas. Esa carta después han de leerla a la persona en cuestión. Aunque los efectos también son positivos para la persona que escribe la carta por el mero hecho de escribirla, sin necesidad de entregarla, si lo hace, el vínculo entre estas dos personas será mucho mayor.

EJERCICIO 38

Realiza una visita de agradecimiento
Otro ejercicio para demostrar agradecimiento consiste en visitar a esa persona a la que piensas que no le has agradecido algo y contarle cómo te sientes y lo mucho que te ayudó aquello que hizo por ti. La otra persona se sentirá sorprendida por la visita y te agradecerá así mismo que lo hayas hecho. Es una forma de contagiar la felicidad mediante el agradecimiento.

EJERCICIO 39

Cambia la estrategia de gratitud
También puedes ir variando la forma en la que agradeces todo lo bueno que tienes para no caer en la monotonía y realizar procesos automáticos. Un día puedes hacerlo por escrito en tu diario, otro con tus pensamientos a primera hora de la mañana, otro día antes de dormir pensando en algo que te ha salido bien ese día. Se trata de ir variando

para no caer en el aburrimiento. Así puedes convertir la expresión de gratitud en una práctica significativa en la que aumente tu felicidad cada día.

Cada persona debe encontrar la forma más idónea de expresar gratitud o de demostrar su agradecimiento a alguien. Busca realizar la que para ti sea más cómoda y efectiva. Lo que has de buscar es aumentar tu percepción subjetiva de la felicidad de una manera positiva con la que provoques que los demás también se sientan más felices.

Hay suficiente evidencia científica en el ámbito de la psicología positiva que corrobora estos resultados, y aunque no la hubiera, vale la pena realizar estos ejercicios por el sentimiento de bienestar inmediato que provocan en ti mismo.

5. RESPONSABILIDAD PERSONAL

La noción de responsabilidad supone el compromiso personal, tácito o explícito, de rendir cuentas, llegado el caso, a una autoridad superior. Exige dos condiciones esenciales: que estés en pleno uso de la razón y en plena libertad de tus actos. Sin embargo, las leyes sociales y morales consideran que no solo eres responsable de los actos que tú mismo has realizado y deseado, sino también de aquellos que no has querido realizar ni has ejecutado, pero dependía de ti evitarlos. Ser responsable es tener un compromiso moral con la sociedad en la que vives, es mantener y respetar un contrato social que has establecido, implícitamente, desde que has venido al mundo.

El ejercicio de la responsabilidad, cuando se refiere a su delegación hacia tus hijos, es una tarea que cada vez se dilata más en el tiempo. Intentas protegerlos a toda costa y no valoras que con esa actitud únicamente consigues que se dejen llevar por la inercia de lo que tú crees más conveniente para ellos. De esta manera, estás restringiendo sus iniciativas a meros alegatos de buenas intenciones a los que no haces demasiado caso. Censuras todo aquello que sobrepasa tu ámbito social pensando que puede ser peligroso o no, conforme a las normas sociales. No te das cuenta de la existencia de un método más práctico y eficaz para ejercer la censura. Se trata de la autocensura. A través de una anécdota que me ocurrió hace algún tiempo, te va a resultar más sencillo de entender:

Una tarde, durante la visita a un amigo, apareció uno de sus hijos con las notas de la segunda evaluación. Su hijo cursaba 1º de ESO. El propósito del niño era que su padre firmara las notas aprovechando la visita y esperando que fuese suficiente distracción como para no prestar la debida atención (astuto el niño). Mi amigo reaccionó inmediatamente al comprobar que eran las peores notas, con diferencia, que su hijo había obtenido. Rápidamente comenzó a proferir todo tipo de gritos y reproches hacia la actitud del niño. Una vez pasados tres o cuatro minutos, tras la ira de mi amigo, se produjo un gran silencio y el niño se marchó, cabizbajo y bien prevenido para evaluaciones sucesivas.

Una vez se había calmado y cuando se disponía a darme todo tipo de explicaciones, le comenté:

—Desde luego, podías haberlo hecho de otra manera.

Ante la sorpresa que le produjo esta afirmación, me recriminó si estaba de acuerdo en que quedara impune semejante falta.

—Solo te digo que tu hijo ha venido a verte con un problema y tú le has liberado de esa preocupación, y resulta que ahora el problema lo tienes tú.

—¿Cómo puedes pensar eso, con la riña que le he metido?. Pero si estaba a punto de llorar...

—Ni siquiera te has fijado en la cara que tenía tu hijo cuando te presentaba las notas. Estaba angustiado por lo que le esperaba. Sin embargo, cuando se ha marchado después de la bronca, su cara era de total satisfacción. Porque tu hijo, tras aguantar impasible tus gritos,

se ha liberado de la culpa y ya puede estar tranquilo hasta la próxima evaluación. ¿Me permites que hable un momento con tu hijo?

—Por supuesto.

Su hijo apareció a su llamada totalmente a la expectativa. Me dirigí a él y comencé la siguiente conversación:

—He visto las calificaciones que has obtenido y quiero saber si te parece que son correctas.

—Por supuesto que no, pero es que...

—No sigas. Lo importante es que reconoces que no está bien lo que has hecho. Y ahora hablemos de tu futuro. ¿Qué propones hacer para que la próxima evaluación sea mejor?

—Voy a estudiar más

—Tienes que concretar cuántas horas más, cómo lo harás...

—Todos los días, dos horas o más.

—No, no. Piensa que vas a comenzar a estudiar en este momento; plantéate metas realistas y asignaturas concretas.

—Pues, me centraré en Sociales y Lengua, que es lo que peor llevo. Creo que una hora al día será suficiente. Repasaré todos los días el tema que demos en clase, centrándome en las ideas principales, haciendo esquemas y pensando en posibles preguntas del examen.

—¿Estás seguro de poder hacerlo? ¿No te estás prometiendo una meta demasiado alta?.

—No, creo que lo puedo conseguir. Me he dado cuenta de que este trimestre me he relajado demasiado.

—Muy bien, chaval. Sigue así y todo te será mucho más fácil. Lo importante en los estudios es mantener esa actitud positiva.

El niño se despidió, contento y motivado, e inmediatamente se puso a cumplir con su propósito: estudiar.

Este método de autocensura se convirtió en un acto motivante para el hijo de mi amigo, aunque en realidad no lo has de tomar como un método, sino como una visión, una actitud. Existe una frase célebre que dice: «Las visiones determinan comportamientos». Va a depender de la visión que tengas de la persona que estás interpelando en un momento determinado, para que mantengas una actitud u otra.

Mi amigo, en el momento de atender a su hijo, tenía una visión de este sesgada por el resultado de las notas y como consecuencia de ello, mantenía un comportamiento hostil hacia el niño. Si hubiese captado la visión del problema que tenía su hijo, su comportamiento habría sido distinto, sin lugar a dudas.

Para lograr que el niño mantenga un compromiso responsable, necesitas ser hábil en tu comunicación, necesitas de herramientas como la empatía y la asertividad y sobre todo, no perder la sensación de control de la situación.

Proactividad vs. Reactividad

Proactividad no es solo tomar la iniciativa. Significa que eres responsable de tu propia vida. Tu conducta depende de tus decisiones, no de lo que ocurra a tu alrededor. Tienes la posibilidad de llevar la iniciativa y la responsabilidad de hacer que las cosas ocurran.

Cuando eres proactivo, reconoces tener esa responsabilidad. No dices que tu conducta es la consecuencia de las circunstancias o el condicionamiento al que has sido sometido. Tu conducta es el producto de tu propia elección consciente.

Cuando eres reactivo, te puedes ver afectado por el ambiente que te rodea. Si hace buen tiempo, te sientes bien. Si no, afecta a tu actitud y comportamiento. Cuando eres proactivo llevas contigo mismo tu propio clima. El hecho de que llueva o salga el sol no supone ninguna diferencia para ti. Si no tienes un trabajo, confías en que tarde o temprano lo encontrarás. Tu fuerza reside en tus valores, y si tu valor es hacer un trabajo de calidad, no depende de que haga buen tiempo o no. Piensas antes de actuar. Reconoces que no puedes controlar todo lo que te sucede, aunque sí puedes controlar la actitud que muestras ante lo que sucede.

Si eres reactivo, construyes tu vida emocional en torno a la conducta de los otros, permitiendo que los defectos de los otros te controlen a ti. Tomas tus decisiones en base a impulsos determinados por la actitud de los otros. Eres como una lata de refresco con gas que, si la agitas un poco, al abrirla reacciona saliendo toda la presión acumulada.

Al ser proactivo actúas como una botella de agua: ya te pueden sacudir lo que quieran que no pasa nada, no hay presión, el agua sale calmada, fluyendo y llevando el control.

Siendo reactivo te ves influenciado por tus sentimientos, por las circunstancias, por el ambiente. Siendo proactivo, lo que te mueve son tus valores, los que tú has decidido tener y mantener. Los que te hacen sentir bien contigo mismo.

Cada día tienes una gran cantidad de oportunidades para decidir si ser proactivo o reactivo; la decisión es tuya. No debes responder como lo hace todo el mundo ni como los demás esperan que respondas. La decisión es solo tuya.

Te propongo unos ejercicios para poder elegir la proactividad frente a la reactividad:

EJERCICIO 40

Ante un dilema, registra todas las decisiones que podrías tomar, reactivas y proactivas, para ser consciente de las que más te ayudan. Por ejemplo: estás en tu trabajo y tu jefe acaba de ascender a un compañero tuyo al puesto que tú deseabas tanto.

- Decisiones reactivas:
    * Te pasas todo el día quejándote de lo injusta que es la situación.
    * Le hablas a tu jefe de algo que ha hecho mal tu compañero ascendido.

* Piensas que tu jefe quiere que dejes el trabajo, que va a por ti.
* Haces mal tu trabajo para echarle la culpa a tu compañero.

- Decisiones proactivas:
    * Hablas tranquilamente con tu jefe y le pides explicaciones por el ascenso de tu compañero.
    * Sigues trabajando como hasta entonces, esforzándote y cumpliendo.
    * Le preguntas a tu superior cómo puedes mejorar tu desempeño.
    * Decides buscar un nuevo empleo que sea mejor para ti sin descuidar el que tienes.

Tras valorar las diferentes maneras de actuar que puedes tener, eres más consciente de las que elegir actuando con proactividad.

EJERCICIO 41

Fíjate en el lenguaje que utilizas cuando te ocurre algo y regístralo durante un día. Recuerda que el lenguaje no es inocente.

¿Te muestras como una víctima o eres responsable?
¿Eres reactivo o proactivo?

Cuando mantienes un lenguaje reactivo puedes decir:
« Es que yo soy así, no puedo cambiar. Mi jefe es la causa de mis problemas. No me puedo controlar. Si tuviera otro trabajo... Si tuviera más dinero... Si viviera en otro sitio... Si tuviera un coche... Si tuviera novia... Entonces sería feliz». Pones el foco en lo de fuera, en todo lo exterior, tu jefe, tus padres, las circunstancias, lo que no tienes.

Cuando eres proactivo dices:

«Lo voy a conseguir. Sé que puedo mejorar. Estoy seguro de que hay otra manera mejor de hacerlo. No son los demás, soy yo el que tiene que superarlo». Pones el foco siempre en ti, analizas todas las opciones que tienes y decides en relación a los valores que rigen tu vida.

EJERCICIO 42

Escribe una nota, pégala en el espejo y cuando te levantes, léela todos los días. Aquí te muestro un par de ejemplos:

«No voy a permitir que nadie decida por mi hoy».
«Yo soy el protagonista de mi vida».

EJERCICIO 43

La próxima vez que te enfades con alguien, analiza la situación y actúa de manera proactiva. Sé tú el primero en disculparte, no esperes con rencor a que sea el otro quien actúe primero. Si has sido tú el culpable, el otro te lo agradecerá; si no has sido tú, se quedará sorprendido.

EJERCICIO 44

El próximo día que cojas tu coche o moto, si te perturba el tráfico y eso genera en ti una emoción negativa, fíjate en cómo reaccionas. Entonces párate un momento a pensar y busca una explicación positiva a lo que ha ocurrido. No puedes pretender que el tráfico se adapte a lo que tú quieres, que todo se disponga de tal manera que te beneficie. La realidad es neutra, tú eres quien la ve negativa o positiva. Una cosa que me sirve a mí es pensar que el que va en el otro coche es mi mejor amigo. Así, cuando actúa mal, no se lo tengo en cuenta.

Referido a la forma de actuar, te voy a relatar un cuento sobre proactividad que pienso que te puede resultar muy ilustrativo:

> Un gran Emperador estaba buscando una persona competente y sabia en la que delegar buena parte de sus responsabilidades. El Emperador acumulaba ya un largo reinado y por su edad, había disminuido su capacidad para resolver adecuadamente algunos aspectos relativos a la gestión de su Imperio.
>
> Reunió a los mejores candidatos de su Corte y también contrató a buscadores de mentes brillantes, que recorrieron todos los pueblos publicando el propósito del Emperador.
>
> Tras algún tiempo, todos los candidatos se reunieron en el jardín del palacio, presidido por un gran trono desde el que les habló el Emperador:
>
> —Habéis sido cuidadosamente seleccionados, ya que tengo un problema y quiero saber quién de vosotros tiene los recursos necesarios para resolverlo. Lo que veis a mis espaldas es la puerta más grande, maciza y pesada de todo mi Imperio. ¿Quién de vosotros es capaz de abrirla sin ningún tipo de ayuda?
>
> Al contemplar la superlativa majestuosidad de aquella puerta, muchos de los candidatos se limitaron a sacudir la cabeza y marcharse. Parecía tratarse de un problema demasiado grande. Algunos examinaron el problema concienzudamente. Discutieron aspectos relacionados con la ley de la palanca, con la fuerza, recordando posibles teorías de solución a problemas que habían aprendido durante su formación. Finalmente, admitieron que no era posible que un hombre solo pudiera cumplir dicha tarea.
>
> Después de que los más sabios y respetados hubieran aceptado que aquella demanda del Emperador era inviable, los restantes se dieron igualmente por vencidos.
>
> Solo uno de los candidatos se acercó a la puerta y la examinó a fondo, muy de cerca. La tanteó golpeando suavemente aquí y allá, estimó su grosor, comprobó la naturaleza y fabricación de los goznes. La examinó minuciosamente con sus propios ojos y manos. Finalmente pareció haber tomado una decisión. Respiró hondo, se concentró y empujó suavemente la puerta.

La puerta se abrió fácilmente y sin ningún esfuerzo. Los demás habían dado por sentado que la puerta estaría atascada o cerrada herméticamente, y que sus dimensiones harían imposible poder llevar a cabo la apertura de sus dos piezas. No obstante, la carpintería y el diseño eran tan artesanos y cuidados, que un simple toque bastaba para entornarla.

El Emperador felicitó al candidato. Ya tenía la persona en la que delegar su total confianza.

¿Qué piensas que hizo posible la resolución del problema por parte del candidato? Su proactividad: pensó que podía hacerlo, analizó todas las opciones, creyó en que había una forma de hacerlo, pensó antes de actuar, se centró en lo que podía hacer y lo hizo. Actuó con iniciativa y resolución.

Víctima o responsable

La única manera de progresar en tu día a día es no echar la culpa a los demás de las cosas que te ocurren. Al ser víctima, culpas de todo lo que pasa a tu alrededor a tu mala suerte, al gobierno, a tu jefe, a tus compañeros, a tus padres o a tu pareja. Siempre hay alguien a quien echarle la culpa. Nunca eres tú. Si piensas que no has tenido suerte, que no te han favorecido las circunstancias, que los demás siempre resultan beneficiados con respecto a ti, te sientes víctima.

Cuando te sientes víctima, justificas tu mala situación con tonterías: «es que eso no es tan importante», «no es necesario estar siempre sonriendo» o «yo también puedo hacerlo, lo que pasa es que ahora no quiero». Al ser víctima no paras de quejarte, eres un amante de la queja. Y, aquello en lo que te centras se expande, con lo cual, cuanto más te quejas, peor te va.

Solo quieres llamar la atención y esa es la recompensa que obtienes al hacerte la víctima. Piensas que cuando alguien te presta atención, te está dando amor y te equivocas. Se está compadeciendo de ti. Y así es muy difícil que seas feliz, ya que estás a merced de los demás, dependes de ellos, de su atención, y terminas haciendo lo posible por complacer a todo el mundo. Además, eres capaz de realizar verdaderas estupideces para llamar la atención.

Te voy a contar una anécdota. En cierta ocasión, fui al ambulatorio de la Seguridad Social a que me visitara el médico por un fuerte catarro que había pillado. Estando en la sala de espera, pude asistir a una verdadera competición de victimismo. Varias personas estaban hablando de sus enfermedades y competían para ver cuál de ellas era la más grave. Me quedé atónito cuando dos señores llegaron a discutir por tener la razón, hasta tal punto que tuvo que salir el médico a llamarles la atención. Recuerdo más o menos como fue la conversación:

—*Yo estoy aquí porque tengo una mancha en el pulmón y me tienen que hacer pruebas.*
A lo que el otro respondió:
—*Pues a mí, es que me dio un infarto hace dos meses y tengo revisión.*
—*Es que lo mío creo que es pulmonía.*
—*Yo es que tengo el mismo dolor de cuando empezó, y creo que puede ser otro infarto.*
—*Pues a mí cada vez me cuesta más respirar y me parece que me tienen que poner oxígeno.*
—*Hombre, lo mío es más grave, que es del corazón.*
—*Sí, pero yo, si no puedo respirar, me muero.*
—*Eso no es para tanto, que yo ya he pasado por ahí. Hace dos años tuve neumonía, que es peor.*
—*De eso nada, que la pulmonía es más grave, que es de los pulmones.*

Poco a poco iban subiendo el tono de voz, hasta el punto que el médico les oyó desde su consulta y salió a interpelarlos. Yo no supe reaccionar, era la primera vez que asistía a una discusión por hacerse la víctima. Las demás personas que se encontraban junto a mí en la sala de espera se decantaban por uno u otro de los púgiles de aquella disputa sin sentido. Tras marcharse el médico, estos dos señores se sentaron alejados uno del otro y algunos de los asistentes se apiadaban de ellos, dándoles la razón.

La víctima es considerada por todos como alguien débil a quién hay que proteger. Esto hace que en ocasiones, merezcan la simpatía de los demás. Y al sentirte víctima, buscas compasión. Te culpas de tu mala suerte porque quieres que cambie tu realidad externa, cuando lo que tiene que cambiar es tu forma de ver esa realidad.

No eres consciente del hecho de que al haber tenido muchos fracasos, estás en la mejor condición para comenzar una nueva vida, pues eres un verdadero experto en conocer cómo no deben hacerse las cosas. Cuando te sientes víctima, sufres y ese sufrimiento es el motor que te puede hacer cambiar, siempre que tú quieras cambiar.

Si de verdad sabes lo que has hecho mal, estás en la mejor situación para no repetirlo en el futuro, y esto te puede acercar un poco más al éxito. Si te empeñas en echarle la culpa a los demás de todo lo que te ocurre, estás condenado al fracaso.

Puedes mirar lo que sucede como una catástrofe y convertirte en víctima, o puedes elegir mirarlo como una oportunidad de crecimiento y convertirte en protagonista. Va a depender del grado de responsabilidad que adquieras.

Al mirar las cosas desde la responsabilidad vas a encontrarte con nuevas posibilidades de acción que antes no veías, con una actitud mental más positiva y constructiva. Cuando dejas de quejarte y empiezas a agradecer todo lo bueno que tienes, comienzas a revertir tu suerte. Eres tú el que tiene que cambiar para que todo lo de tu alrededor cambie. De esta manera, cuando llega un imprevisto a tu vida lo que marca la diferencia es tu manera de interpretarlo y te das cuenta de que el suceso inesperado cambia.

Nada soluciones culpando a los demás. Si las cosas te han sucedido debes aceptarlo y asumir tu responsabilidad. Se consiguen más progresos actuando de esta manera. Incluso en las situaciones más adversas tienes que ser capaz de saber sacar un aprendizaje. Necesitas dejar de preocuparte por las cosas que no puedes controlar y ocuparte de las cosas que sí puedes.

Borja Vilaseca suele contar un cuento en sus charlas que dice:

> Era un pescador que, harto de sufrir y victimizarse, no quería saber nada de la sociedad y decide coger su barca y adentrarse en alta mar. De repente está tan tranquilo en medio del mar y nota que choca contra otra barca. Se cae al agua y sale todo enfadado diciendo:
> —Pero ¡qué haces! ¡Fíjate por dónde vas! ¿Qué te has creído? ¡Mira que el océano es grande! —Y se da cuenta de que la barca estaba vacía. Estaba a la deriva.
> Entonces el pescador se queda empapado, perturbado y sin nadie a quien culpar.

Hay dos caminos por donde puede transitar tu vida: el éxito o el fracaso, la responsabilidad o el victimismo, la proactividad o la reactividad. Solo depende de ti. Es tu decisión tomar un camino u otro.

Responsabilidad personal y cambio

Hace algún tiempo asistí a una conferencia de Borja Vilaseca. Este escritor y conferenciante impulsador de cambios es el creador de La Akademia, un proyecto totalmente altruista en el que participo desde hace cuatro años. Se trata de un proyecto educativo que enseña educación emocional para desarrollar las fortalezas y habilidades de los jóvenes, para que los jóvenes aprendan a ser felices a través de su autoconocimiento y la responsabilidad personal, siendo capaces de expresar su máximo potencial.

Dicha conferencia llevaba como título «Siete claves para ser tú el cambio que quieres ver en el mundo», y hablaba de la importancia de la responsabilidad personal en la vida. Borja apela a reflexionar sobre la responsabilidad, ya que poner en práctica estas claves puede generar resultados de bienestar en tu vida, y como dice él, no te creas nada, experiméntalo por ti mismo, comprueba cada una de estas siete claves.

Quien quiere algo encontrará un medio, quien no una excusa.
PROVERBIO ÁRABE

Estos son los aprendizajes que yo saqué de dicha charla y algunos ejercicios que te propongo:

- **Responsabilidad física**

Aquí Borja indica que para hacerte responsable de ti mismo, debes cuidar de tu cuerpo, ya que es tu vehículo de existencia. Cuidar de tu salud, manteniendo una nutrición consciente pero sin ser extremista, cuidar lo que comes y cómo lo comes. Para ello fíjate en tu cuerpo, en cómo reacciona después de cada comida, en cómo te sientes tras ingerir ciertos alimentos. Tu cuerpo sabe lo que necesita. Mantener una nutrición más natural, comiendo frutas, verduras y alimentos sin procesar, alimentos que te proporcionan energía para vivir y te dan vitalidad.

EJERCICIO 45

Nútrete de manera responsable
Presta un poco de atención a lo que comes y cómo lo comes. Simplemente se trata de que tomes conciencia de lo que tu cuerpo digiere mejor. Si después de comer te sientes pesado, fíjate en lo que has comido para decidir si vuel-

ves a comerlo. Si comes muy deprisa, comprueba si comer más despacio te hace sentir mejor. Examina la cantidad de agua que necesita tu cuerpo. En ocasiones te pones a comer pensando que tienes hambre y solo tienes sed; con un simple vaso de agua hubiese bastado.

- **Responsabilidad psicológica**

Basada en el autoconocimiento, si no te conoces, si no sabes quién eres, vas a funcionar como un autómata por la vida. Aquí Borja sugiere el eneagrama como herramienta de autoconocimiento. Esperas que la realidad te beneficie y piensas que la felicidad está en el exterior. Para ello quieres comprarte todo lo material que piensas que te va a hacer feliz. Y tu felicidad está en tu interior. Nadie puede hacerte feliz y nadie puede hacerte sufrir. Lo que hace que sufras es la manera en que procesas todos los estímulos que te llegan del exterior. Quieres que todo esté dispuesto para que te sientas bien. Pones el foco en los demás y necesitas que ellos te aprueben. La responsabilidad es poner el foco en ti sin victimizarte, siendo tú ese cambio que quieres ver en el mundo.

EJERCICIO 46

Cambia tu forma de ver las cosas
Decía el Dr. Wayne Dyer que «cuando cambias tu forma de mirar las cosas, las cosas que miras cambian». Busca tener un punto de vista diferente cuando te ocurra algo, no le eches la culpa a tu entorno o a alguien del exterior. Hazte responsable y mira qué es lo que tú puedes hacer, qué cambio puedes realizar para dejar de sufrir. Si quieres cambiar a tu hijo, cambia tú y tu hijo cambiará. Si quieres cambiar a tu jefe, cambia tu manera de verlo y cambiará. Ponerte en el lugar del otro te hace ver la realidad desde su posición.

- **Responsabilidad espiritual**

La espiritualidad es una experiencia sanadora que te puede hacer estar mejor contigo mismo. Para ello tienes que reunirte contigo, en silencio, estar contigo sintiendo el sentido de tu vida. La meditación te puede ayudar, mediante ella llegas a descubrir tus para qué, tu propósito, lo que has venido a hacer a esta vida. Las cosas no ocurren por casualidad sino por causalidad, hay una red de causas y efectos que hace que ocurran las cosas. Tienes que hacer el cambio de paradigma para dejar de pensar en la religión y sentirte más espiritual, ya que eres cuerpo, mente y espíritu.

EJERCICIO 47

Reúnete contigo mismo
Dedica todos los días unos minutos a tener una reunión contigo mismo. Ponlo en tu agenda. Una reunión en la que estarás tú solo, en silencio, concentrado en ti, en cómo estás. Haz un breve recorrido por todo tu cuerpo desde los pies a la cabeza, prestando atención a lo que sientes en cada una de las partes de tu cuerpo, sintiendo tu cuerpo, sintiendo la vida que hay en ti, la energía que tienes. Escucha el silencio que hay en ti.

- **Responsabilidad profesional**

Deja de trabajar para las empresas, para el Estado o para los bancos. La clave está en responsabilizarte de tu trabajo teniendo una actitud emprendedora, tomando las riendas de tu vida profesional. Tienes que buscarle sentido a tu trabajo, amar tu trabajo o trabajar en algo que amas. Si vendes tu tiempo por dinero, lo que consigues es que sea la empresa la que se enriquece. Si amas lo que haces, te sientes autorrealizado y tu trabajo tiene sentido. El nuevo paradigma indica que las empresas son creadoras de riqueza sirviendo a los demás y creando valor.

EJERCICIO 48

Sé responsable de tu trabajo

Si eres un emprendedor, adelante, quizás ames tu trabajo. Si no es así, busca la manera de amarlo, de hacerlo de manera que te motive. Si se trata de un trabajo repetitivo, haz que cada día sea diferente, desarrolla tu creatividad y dale ese punto de gracia que haga que sea un trabajo satisfactorio. Si trabajas para otros, actúa como un emprendedor dentro de tu empresa, busca realizar el trabajo como si fuera tu propia empresa, como si te fuesen a ascender inmediatamente. Esfuérzate en realizar un buen trabajo siendo responsable y los frutos por el reconocimiento de un trabajo bien hecho llegarán.

- **Responsabilidad económica**

Se trata de tener inteligencia financiera, de saber relacionarte con el dinero, de pensar de manera positiva en el dinero. Piensa en él como en una energía, el dinero es un intercambio necesario y útil. Lo importante es saber cómo te relacionas con el dinero para asegurarte un futuro, sabiendo ahorrar, sabiendo invertir desde la consciencia.

EJERCICIO 49

Ahorra

Para empezar a tener inteligencia financiera lo primero que tienes que hacer en comenzar a ahorrar. Proponte ahorrar como mínimo un 10% de lo que ingresas. Decide que ese dinero no lo puedes tocar, haz como si te lo hubieses gastado. Más adelante podrás empezar a invertirlo poco a poco. Estoy seguro de que un 10% lo puedes ahorrar. Si ganas 1000€ al mes, ahorra 100€ todos los meses y en un año tendrás 1200€. Piénsalo, seguro que lo puedes hacer.

- **Responsabilidad política**

Piensa en hacer lo que depende de ti y deja de depender de «papá Estado». Cuando tengas un problema no va a solucionártelo el Estado; emancípate de él. Piensa en cómo quieres que sea tu vida y en que eres tú quien tiene que solucionarla. Solo puedes actuar desde tu realidad más cercana, no necesitas saber cosas de la otra parte del mundo. Deja de ver o escuchar noticias que te provocan malestar. Deja de pensar en los políticos que solo buscan su bienestar, en las subvenciones del Estado o cualquier otra administración pública. Piensa en ti.

EJERCICIO 50

Deja de ver noticias
Prueba durante un mes a no ver ninguna noticia en televisión, no comprar ningún periódico ni escuchar noticias en la radio ni en Internet. Yo lo hago habitualmente y no sabes lo bien que se vive así. Si tienes que enterarte de algo, no te preocupes que te enterarás. No pienses que vas a estar desconectado del mundo. Te aseguro que vivirás más tranquilo, menos irritado y con más paz.

- **Responsabilidad ecológica**

Quizás estés proyectando en el consumo materialista tu felicidad. ¿Qué es lo que marca el bienestar en tu vida? ¿Estás buscando en el consumo algo que no te puede dar? Atrévete a dejar de comprar esas cosas materiales que las compras por que las tienen otros, que no necesitas y ni siquiera te gustan. Recicla y reutiliza aquello que tienes y te hace sentir bien. Para mí es ecológico realizar compras de proximidad, las compras que hago en mi barrio o como mucho en mi ciudad y a empresas que sé que reinvierten sus beneficios en mi comunidad, porque sé que eso me ayuda. Sé que si ayudo a los que tengo cerca, ellos me van a ayudar a mí y todos ganamos. Soy responsable con mis compras y con el medio ambiente.

EJERCICIO 51

Compra productos de proximidad

Ahora que se habla tanto de la responsabilidad social corporativa, podríamos decir que los productos de proximidad son productos responsables y sostenibles en sí mismos. Se trata de productos de temporada, producidos o cultivados en zonas cercanas a donde se van a vender. Un ejemplo claro lo tenemos con las frutas y hortalizas, aunque también hay muchos otros. Son sostenibles desde el punto de vista económico, porque los productos de temporada tienen un precio asequible, ya que normalmente, la oferta suele estar equilibrada con la demanda. Además, están en su momento óptimo de maduración, con todas las cualidades organolépticas de frescura y calidad. También puedes comprar en comercios de proximidad o en los que sepas que compran la mayoría de sus productos dentro de tu comunidad.

A propósito de la responsabilidad personal, he recordado un cuento que vi por primera vez en la web de Iciar Piera (coachingparaeléxito.com), y que hace referencia a la forma en cómo actuamos ante la adversidad.

Cuento del cocinero

Una hija se quejaba a su padre acerca de su vida y de cómo las cosas le resultaban tan difíciles. No sabía qué hacer para seguir adelante y creía que se daría por vencida en algún momento. Estaba cansada de luchar. Parecía que cuando solucionaba un problema, aparecía otro.

Su padre, un magnífico cocinero, la llevó a su lugar de trabajo. Allí llenó tres ollas con agua y las colocó sobre el fuego. En una colocó zanahorias, en otra huevos y en la última colocó granos de café. Las dejó hervir, sin decir palabra.

La hija esperó impaciente, preguntándose qué estaría haciendo su padre. A los veinte minutos el padre apagó el fuego. Sacó las zanahorias y las colocó en un plato. Sacó los huevos y los colocó en otro plato. Finalmente, coló el café y lo puso en un tercer recipiente.

Mirando a su hija le dijo:

—Querida, ¿qué ves?

—Zanahorias, huevos y café —fue su respuesta.

Le pidió que se acercara y que tocara las zanahorias. Ella lo hizo y notó que estaban blandas. Luego le pidió que tomara un huevo y lo rompiera. Después de quitarle la cáscara, observó el huevo duro. Luego le pidió que probara el café. Ella sonrió mientras disfrutaba de su rico aroma.

Humildemente la hija preguntó:

—¿Qué significa esto, papá?

Él le explicó que los tres elementos se habían enfrentado a la misma adversidad, agua hirviendo, pero habían reaccionado de forma diferente. La zanahoria llegó al agua fuerte, dura, pero después de pasar por el agua hirviendo se había puesto débil, fácil de deshacer. El huevo había llegado al agua frágil, su cáscara fina protegía su interior líquido; pero después de estar en agua hirviendo, su interior se había endurecido. Los granos de café, sin embargo, eran únicos: después de estar en agua hirviendo, habían cambiado el agua.

—¿Cuál eres tú, hija? Cuando la adversidad llama a tu puerta, ¿cómo respondes? —le preguntó a su hija—. ¿Eres una zanahoria que parece fuerte, pero cuando la adversidad y el dolor te tocan, te vuelves débil y pierdes tu fortaleza? ¿Eres un huevo, que comienza con un corazón maleable, poseías un espíritu fluido, pero después de una muerte, una separación, o un despido te has vuelto duro y rígido? Por fuera te ves igual, pero ¿eres amargada y áspera, con un espíritu y un corazón endurecido? ¿O eres como un grano de café? El café cambia al agua hirviendo, el elemento que le causa dolor. Cuando el agua llega al punto de ebullición, el café alcanza su mejor sabor. Si eres como el grano de café, cuando las cosas se ponen peor, tú reaccionas de forma positiva, sin dejarte vencer,

y haces que las cosas a tu alrededor mejoren. Haces que ante la adversidad exista siempre una luz que ilumine tu camino y el de la gente que te rodea. Esparces con tu fuerza y positividad el «dulce aroma del café».

¿Y tú? ¿Cuál de los tres eres?

TERCERA PARTE

LA CONFIANZA

Hoy tienes la posibilidad de ejercitar el músculo de la confianza y todo empieza probando. Confía en que todo lo que ocurra va a ser lo mejor para ti, sea lo que sea, por lastimoso que parezca, y luego me cuentas.
Arnau Benlloch

No dejes que los planes que tienes para ti sean más importantes que tú mismo.
Wayne Dyer

Tienes que seguir creyendo que todo es posible.
Javier Iriondo

No hay mejor inversión que la que se hace en uno mismo: tu desarrollo personal es tu destino.
Francisco Alcaide

El mundo no te dará nada que tú no seas capaz de darte a ti mismo.
Mercè Roura

Si consultas el diccionario de la RAE, para la palabra confianza encuentras estas dos principales acepciones:

- Esperanza firme que una persona tiene en que algo suceda, sea o funcione de una forma determinada, o en que otra persona actúe como ella desea.
- Seguridad, especialmente al emprender una acción difícil o comprometida.

La confianza viene del latín *confidare* y significa «con fe»; por tanto, **confiar significa tener fe**. Es tener fe en uno mismo y fe en los demás. Confiar es saber que lo vas a conseguir. Por tanto confiar es creer; muchas veces, creer sin ver.

En psicología, la confianza es una hipótesis que se realiza sobre la conducta futura de otra persona, una creencia que estima que esa persona será capaz de actuar de cierta manera frente a una determinada situación. Para la psicología social, se trata de la idea que se forja una persona sobre las conductas que realizan los que se encuentran a su alrededor, el pensamiento mediante el cual esa persona actuará de una manera determinada ante una situación que se le presente.

La **confianza** es el valor más importante con el que debes con-tar para llevar a cabo cualquier emprendimiento que te propon-gas. Confiar en ti mismo y confiar en los demás. La confianza se asocia a la lealtad por alcanzar objetivos mutuos. Como puedes leer en mi libro *Emprender con valor*:

> *Cuando aprendes que necesitas confiar en los demás, tienes que ser consciente de que la confianza se alimenta de tres juicios: la sinceridad, la competencia y la credibilidad. Confiamos en las personas en la medida en que creemos que son sinceras con nosotros, y generalmente desconfiamos de quien nos miente. Confiamos en las personas que consideramos competentes con la tarea que se han propuesto o para la que se han comprometido. Y en la medida en que esa persona nos demuestre su sinceridad y su competencia, tendremos una mayor credibilidad en ella.*

También debes confiar en tu equipo, el que forman esas personas en las que has depositado tu confianza. Para confiar en tu equipo de trabajo, como dice Michel Henric-Coll en su libro *La organización fractal*:

> *Es necesario que los miembros crean en las metas y en las finalidades del equipo... Las personas tienen que sentir que están colaborando en un propósito que aprueban con valores que comparten.*

Los valores son los pilares en los que te apoyas para darle sentido a tu vida. Por ello, los valores en un equipo han de ser valores compartidos. ¿Te imaginas un equipo deportivo que no tenga los mismos valores y quiera conseguir triunfos? Es muy difícil que lleguen a conseguir una meta común sin compartir sus valores.

Si es importante confiar en ti mismo y en los demás, no lo es menos confiar en que todo va a salir bien. Teniendo fe, confiando en algo más grande que tú, en lo que realmente creas, en el universo, en la vida, en el Karma, en el infinito, en la fuente, en el futuro, en el destino, en el amor, en Dios, en cualquier fuerza poderosa que haga que todo confluya y se den las circunstancias idóneas para conseguir tus propósitos.

> *Tenéis que confiar en que los puntos se conectarán en el futuro*
> STEVE JOBS

1. CONFÍA EN TI MISMO

La autoconfianza o confianza en ti mismo es pensar que dispones de los recursos necesarios para conseguir tus objetivos. Es ser consciente de que puedes conseguir todo lo que te propongas, y en caso de no conseguirlo, puedes superar todas las adversidades y frustraciones que suponen un hipotético fracaso. La autoconfianza te ayuda a valorarte por lo que eres y no por lo que tienes. Te ayuda a tomar decisiones sin temer ser juzgado por los demás. El doctor en psicología David G. Myers, profesor en el Hope College de la Universidad de Michigan, llevó a cabo una revisión de investigaciones relacionadas con la autoestima y llegó a la conclusión de que el indicador que anticipa con mayor seguridad el nivel de satisfacción de la vida de una persona, es su nivel de confianza consigo misma.

Cuando confías, eres capaz de exceder tus límites, de pensar que puedes conseguir cosas que no hubieses imaginado. Te ayuda a ser cada día un poco mejor, a superarte.

Una función fundamental de la confianza es la que te lleva a centrarte en tus fortalezas y no en tus debilidades, a pensar en lo que quieres y no en lo que temes.

¿Cómo puedes aumentar la confianza en ti mismo? Te ayudarán estos ejercicios:

Autoconocimiento
Para confiar en ti mismo es fundamental que te conozcas bien. Te recomiendo un capítulo del libro de María Ángeles Chavarría, *Búsqueda y desarrollo del talento*, concretamente el capítulo titulado «Autoconocimiento a través de uno mismo y de los demás». La autora propone el autoconocimiento a través de una herramienta muy conocida en psicología y en el mundo del *coaching*: la ventana de Johari. Al final del citado capítulo, María Ángeles propone una pregunta poderosa, «¿Qué me gusta?», a la que si-

gue una serie de afirmaciones para completar por ti mismo. Al hacerte una pregunta abierta, tu cerebro tiende a contestarla sin más, solo tienes que estar preparado para ello. Te propongo este sencillo ejercicio que a mí me ha ayudado a conocerme mejor.

EJERCICIO 52

¿Qué me gusta?
Únicamente has de coger papel y bolígrafo y completar las siguientes afirmaciones, sin pensar demasiado, dejando que sea tu mano quien fluya en la escritura. En el ejercicio, María Ángeles expone 17 afirmaciones para completar. Yo te propongo las 7 que a mí más me han ayudado.

*Soy una persona a la que le divierte...
*Me apasiona hacer...
*Puedo dedicar muchas horas a...
*Si sueño despierto, imagino que...
*Los demás dicen que se me da bien...
*Puedo ser útil a los demás haciendo...
*Lo que más sentido da a mi vida es...

Autodisciplina
Se trata de crear hábitos que te lleven a conseguir el éxito, ser constante. Edison se equivocó diez mil veces antes de inventar la bombilla. Aunque falles, sigue trabajando para ser mejor.

EJERCICIO 53

No desistas
Proponte en tu próximo proyecto ser tan disciplinado que no lo abandonarás aunque falles tres veces consecutivas. Lo importante no es caer, es levantarse tras cada caída.

EJERCICIO 54

Escucha a los demás

Para saber qué piensan de tus acciones, de tus éxitos y tus fracasos. Generalmente tú eres tu peor crítico, los demás te pueden ayudar a no sabotearte. Pide opinión sobre tu próximo emprendimiento a alguien que nunca te la haya dado y que sea experto en la materia. Explícale tu proyecto y que te dé su opinión, lo que haría él o ella. Escucha de manera activa, prestando atención a lo que te dice y cómo te lo dice. Para mejorar tu escucha puedes realizar una serie de acciones:

* Céntrate en la conversación, no te distraigas.
* Demuestra interés y curiosidad con tus gestos.
* Atiende a la comunicación no verbal, gesticulación, movimiento de manos, pose...
* Escucha con atención sin cortar la conversación.
* Mantén una actitud mental positiva.
* Trata de entender y analizar activamente.
* Respeta sus silencios, no quieras cubrirlos diciendo algo, antes de hablar necesita pensar.
* Identifica las ideas principales de lo que te dice.
* Evita realizar juicios hasta terminar la escucha.
* Demuestra que estás escuchando dando *feedback*.
* Al término de la conversación, resume lo escuchado para verificar la información recibida.

EJERCICIO 55

Calla tu diálogo interno

Lo que te dices a ti mismo, esa voz interior que discute contigo mismo y no te deja avanzar. Deja de hacerle caso y actúa. Mañana mismo, cuando vayas a realizar algo y tu diálogo interno te lo cuestione, olvídate de él y haz lo que tu intuición te dice. Sigue los pasos que te dicta tu corazón sin cuestionarte nada, sin pensarlo dos veces.

Pensar en lo peor

Muchas veces, pensar en lo peor que podría pasar sobre algo te puede ayudar a trivializar el tema y hacerlo más liviano.

EJERCICIO 56

Piensa qué es lo peor que podría pasar si te despiden de tu trabajo hoy mismo. Escríbelo y evalúa los pros y los contras, seguro que no es tan grave y te puedes reinventar.

EJERCICIO 57

Sé el protagonista

Sé tú el protagonista de tu vida, responsabilízate de todo lo que hagas, no caigas en el victimismo y mantén una actitud enfocada a buscar oportunidades. La próxima vez que algo te salga mal, no te quejes, piensa que lo puedes hacer mejor y que tienes otra oportunidad. Sé proactivo, analiza lo que has aprendido y proponte hacerlo mejor.

EJERCICIO 58

Aprende a decir no

No resulta una tarea fácil ya que, seguramente desde niño te han educado para mostrarte amable y para agradar a los demás. De esta manera te centras en que «necesitas que te quieran» y te olvidas de ti. Buscas el reconocimiento del otro en todo lo que haces y esto te puede generar muchos problemas. Cuando dices que sí a todo lo que te proponen te puedes sentir desbordado: en el trabajo, en casa, con los amigos. Dejas de pensar en ti para pensar solo en los demás, para agradarles haces todo lo que sea necesario y te quedas sin tiempo para dedicarlo a tus cosas. De esta manera, puede llegar un momento en el que explotes porque ya no aguantas más y trates de egoísta a todo el mundo. Para evitarlo, aprende a decir no cuando es que no. Y ¿cómo se aprende? Como casi todo, haciéndolo. Cuando veas que te va a ser difícil cumplir con una promesa porque no tienes tiempo, di que no tranquilamente; cuando no te apetezca hacer algo y digas que sí para agradar; cuando pienses que el otro «tiene mucho morro» para pedirte eso, que se trata de algo inaceptable y te puede generar rencor hacia esa persona, di no. De la misma manera, has de aprender a aceptar que te digan que no, pensando que no te dicen NO a ti, sino a lo que has pedido.

Si crees totalmente en ti mismo, no habrá quien te pare. Podrás conseguir lo que te propongas. Recuerda: eres aquello en lo que crees.

Esto me recuerda un cuento que leí hace mucho tiempo y que más o menos dice así:

Habían dos niños pequeños patinando sobre un lago helado. De repente, uno de ellos se cae por un agujero que había en el hielo, queda sumergido y su amigo, que no lo veía, se quita el patín y comienza a romper la gruesa capa de hielo hasta que consigue rescatar a su amigo. Le realiza la respiración artificial y le salva la vida. Llegan la policía y los bomberos, preguntan al niño qué había pasado, este se lo cuenta y no le creen; no pueden creer que un niño tan pequeño pueda romper una gruesa capa de hielo, sacar del agua a otro niño que tiene su mismo peso y salvarle la vida. Es una hazaña muy grande para un niño tan pequeño. Se acerca un anciano que había avisado a la policía desde su casa y les dice que el niño estaba diciendo la verdad, él lo había visto todo y había sido así. Ante la incredulidad de las autoridades, que seguían negando que fuese posible, el anciano les dice:
—Es muy sencillo. Lo ha hecho porque no había nadie a su alrededor que le dijera que no podía hacerlo.

2. CONFÍA EN LOS DEMÁS

Debes aprender a quién le puedes dar tu confianza, ya que no es posible vivir sin confiar en los demás. Solo, es muy difícil que puedas desarrollarte como persona. Para confiar en los demás es importante ser honesto y buscar la honestidad en el otro. No va a ser algo sencillo si te has sentido traicionado por alguien en alguna ocasión, o si solo has podido confiar en quien estaba sacando un provecho de su relación contigo y la ha roto cuando el interés había finalizado.

Puedes decidir confiar o no confiar en alguien, aunque has de tener en cuenta que en cada interacción supone que hagas consciente esa decisión. Además, para continuar confiando en los demás y que ellos confíen en ti, tienes que cuidar la confianza. Puedes pensar que debe ser la otra persona quien debe recuperar esa confianza. Es un grave error, la confianza es cuestión de expectativas y como tal, únicamente depende de ti. Quizás has depositado unas expectativas demasiado altas en el otro. O quizás no le has sabido mostrar lo que tú esperabas de él. Para no quedarte inmóvil esperando que sea la otra persona quien venga a reparar la confianza perdida, sé tú quien da el primer paso. Pídele explicaciones o reclama esa conversación pendiente que te ayude a restaurar la confianza.

Me gusta mucho la metáfora que, sobre la confianza, exponen Silvia Guarneri y Miriam Ortiz de Zarate en su libro *No es lo mismo*:

> *Imagina que tienes una ventana de confianza para cada relación. Esta ventana puede estar más abierta o cerrada en función de las circunstancias, pero si quieres que la relación sea fluida, te interesa, desde luego, tener la ventana lo más abierta posible.*

Ahora tú tienes la llave de esa ventana para decidir cuándo abrirla o cerrarla.

Para generar confianza en los demás hay una serie de acciones que puedes poner en práctica:

EJERCICIO 59

Sonríe cuando saludas
Cuando saludes a alguien, ya sea de lejos o al acercarte a la persona, muéstrale tu mejor sonrisa. Verte alegre va a generar una emoción positiva, además de la imitación provocada por las neuronas espejo.

EJERCICIO 60

Mira a los ojos
Es algo que da mucha confianza. Hay personas que desconfían de quienes no les miran a los ojos cuando hablan con ellos. Al mirar a los ojos con sinceridad, das a entender al que te habla que lo que escuchas te interesa y haces que se sienta valorado.

EJERCICIO 61

Da la mano con firmeza
Al saludar con la mano has de hacerlo con confianza y demostrándolo. Para ello, hazlo manteniendo firme tu mano y cogiendo la otra mano con seguridad, sin apretar demasiado. Así mostrarás desde el primer momento que te importa esa persona.

EJERCICIO 62

Toca el brazo de tu interlocutor
Cuando al hablar con alguien, de vez en cuando, tocas levemente su brazo, le estás mostrando respeto y sentimientos de valoración. Ha de ser un toque que demuestre aprecio y te haga valedor de su confianza.

EJERCICIO 63

Asiente constantemente
Durante la conversación, es importante realizar ese gesto de asentimiento. Así, le estás transmitiendo tu escucha activa. Si además le miras a los ojos, se sentirá más valorado y confiado.

EJERCICIO 64

Haz un regalo inesperado
A esa persona que ha hecho algo por ti y se lo merece. Tener un pequeño detalle se convierte en un gran agradecimiento que conlleva hacer crecer la confianza.

EJERCICIO 65

Pide un consejo
Cuando tengas dudas sobre tu manera de proceder, prueba a pedirle consejo a esa persona en la que confías. Esto hará que la persona en cuestión se sienta importante para ti y aumente su confianza. De esta manera, en otra ocasión puede que sea ella quién te lo pida a ti.

EJERCICIO 66

Da un abrazo
Este es un tema, para algunas personas, un tanto delicado. Dar un abrazo a un conocido hace que le muestres tu confianza, y con ello, que la persona confíe más en ti. Aunque hay personas que todavía no están preparadas para ello y has de tener cuidado.

EJERCICIO 67

Sé sincero
La sinceridad es uno de los factores más importantes para confiar en otra persona. Cuando sabes que el otro no está

siendo sincero contigo le vas a retirar la confianza. Si quieres que alguien confíe en ti, muéstrale tu sinceridad y le darás pie a que te demuestre su confianza.

EJERCICIO 68

Demuestra tu competencia
Otro de los juicios que haces cuando te dispones a confiar en alguien es el de la competencia. Confías en la medida en que crees que la persona es competente para desarrollar lo que se ha comprometido a hacer. De la misma manera, si quieres que confíen en ti, has de demostrar tu competencia en la tarea que debas llevar a cabo. Si tienes alguna duda sobre tu competencia, entrénala. Cuanto más tiempo pases realizando la habilidad que necesitas aprender, mejores resultados obtendrás.

EJERCICIO 69

No juzgues
Cuando veas a alguien por primera vez, no emitas juicios sobre su aspecto o su forma de actuar. No sabes qué le mueve a actuar así. Los juicios son opiniones, y como tales, pueden ser fundadas o infundadas. Los juicios se emiten en el presente, se generan en el pasado con tus creencias y crean realidad en el futuro. Una vez me dijeron: «Lo que dice Juan sobre Pedro, dice más de Juan que de Pedro». Y es que los juicios tienen una doble cara, hablan de la persona hacia quien va dirigido el juicio, pero dice más de quien lo emite. Si yo te digo «este tío es un vago», ya que por su forma de proceder así me lo transmite, estoy etiquetándolo, emitiendo un juicio sin fundamento. Puede que esa persona haya tenido un mal día y esté cansada por algún motivo. No hay ningún hecho que confirme mi juicio, es una interpretación que yo he realizado sobre algo que he visto. Antes de emitir un juicio, es mejor que fundamentes la interpretación que haces sobre lo que ves para no llevarte sorpresas.

EJERCICIO 70

No critique
Cuando criticas a una persona, lastimas su orgullo y haces que se ponga a la defensiva. Al criticarla estás dañando su imagen y generas rencor en ella. Criticar es muy fácil, casi todo el mundo lo hace. Trata de comprender a esa persona, objetivo de tus críticas. Si te sientes criticado, pide explicaciones a la otra persona diciendo cómo te sientes: «Cuando haces... (comportamiento), yo me siento... (expresa la emoción que te produce)». Después, hazle una petición concreta de cómo te gustaría que actuase en esas circunstancias.

EJERCICIO 71

Haz elogios sinceros
A las personas les gusta sentirse apreciadas y reconocidas socialmente. Trata de pensar en las cualidades positivas de los demás y muestra una apreciación sincera por esas cualidades. Mañana mismo, cuando te encuentres con alguien conocido, dile lo elegante que está o resalta esa cualidad que te llama la atención. Como dijo Dale Carnegie, «sé caluroso en la aprobación y abundante en el elogio».

EJERCICIO 72

Interésate en los demás
A todos nos gusta que los demás nos admiren y se interesen por nosotros. Cuando te interesas por los demás de manera auténtica, provocas en la otra persona un sentimiento de confianza y reconocimiento. La forma de hacerlo puede ser: felicitarle el día de su cumpleaños, saludarle con alegría y entusiasmo, llamarle por teléfono para saber cómo está, preocuparte por su salud y la de sus familiares más cercanos...

EJERCICIO 73

Llámale por su nombre
El nombre es la palabra más importante que puede escuchar una persona. Cuando conozcas a alguien, fíjate bien en su nombre y pronúncialo con frecuencia a lo largo de la conversación: será un halago hacia esa persona. Un truco que yo utilizo para recordar los nombres es primero prestar mucha atención cuando me lo dicen, y si no lo he oído bien, pedir que lo repita; luego, repetirlo en mi memoria dos o tres veces mirando a la cara de la persona para asociarlo y si es posible, recordar a algún conocido que se llame igual; finalmente busco asociar el nombre con el lugar donde he conocido a la persona y la situación en la que me encontraba. De esta forma, se establecen nuevas conexiones neuronales que hacen que se recuerde el nombre más fácilmente.

EJERCICIO 74

Haz que se sienta importante
Ya he hablado de la importancia del nombre y de interesarse por los demás. Ahora se trata de hacer que el otro se sienta importante, tanto por cómo es como por lo que hace. Realiza un elogio sincero, sin esperar nada a cambio. Sé cortés, amable, respetuoso, considerado y educado en todo momento. Reconoce la importancia que tiene para ti, actúa como te gustaría que ellos actuasen. Realza sinceramente el trabajo que tiene o las características físicas que lo hacen especial, sin ser un falso adulador.

EJERCICIO 75

Admite tus equivocaciones
Sé honesto y reconoce tus errores abiertamente ante la persona que tengas delante. No trates de ocultarlos o defenderte con argumentos vacíos. Todas las personas se equi-

vocan, aunque pocos admiten sus errores; solo los inteligentes lo hacen. Cuando alguien te diga «te has equivocado en...», responde «sí, reconozco que tienes razón, no sé qué ha pasado pero es así». Seguro que el otro dice «bueno, no pasa nada...».

EJERCICIO 76

Practica la empatía
Trata de comprender el punto de vista de tu interlocutor. Puede ser totalmente opuesto al tuyo, pero él lo ve así. Piensa en cómo reaccionarías tú si estuvieses en su lugar. Intenta verificar cómo se siente, qué emociones puede estar teniendo e imagínate tú en esa misma situación. Busca siempre comprender la intención positiva que tiene para actuar así. De esta manera puedes ser más eficaz en tu trato con los demás.

Todos estos ejercicios te ayudarán a que los demás confíen en ti. Con lo cual, si quieres aprender a confiar en los demás, tienes que prestar mucha atención a esas señales que te indican que se trata de personas confiables.

Para confiar en los demás, tienes que fijarte en ciertos detalles: observar cómo tratan a los demás, cómo te tratan a ti, si uno de sus valores es el respeto o si cambian su manera de ser cuando están en público... Puedes comenzar a confiar primero en las personas que mejor conoces, tanto por cómo se comunican contigo como por las acciones que realizan. También en esas personas que detectas que no tienen ningún interés en obtener algo de ti, que estás convencido que hacen las cosas por amor al prójimo. Cuando tengas un círculo amplio de personas confiables, ya puedes comenzar a confiar en aquellas personas que te presenta alguien que te estima y son de su total confianza.

Siempre puede haber alguien que te traicione, en quien tú hayas depositado mucha confianza. Puede que esto no deje de ocurrir; aun así, confía. Estoy seguro de que será un porcentaje mínimo quien actúe así contigo. Si eres una persona que muestra su confianza, los demás no van a tener ninguna objeción en ofrecerte la suya. Yo soy de los que piensan que se debe confiar en todo el mundo hasta que me demuestren lo contrario.

En mi caso, cuando conozco a alguna persona por primera vez, siempre le doy una oportunidad confiando en ella, sin juzgarla y sin generar ideas preconcebidas sobre su aspecto o creencias. La escucho atentamente y me muestro receptivo hacia ella, tratándola como a mí me gustaría que me tratase. Pienso que siempre va a tener una intención positiva en las acciones que realice y que, seguro, tengo algo que aprender de ella. Confío plenamente hasta que me demuestre lo contrario.

Confianza simple o alimentada

Julio Olalla dice que la confianza es la predisposición a accionar con los otros. La confianza es un fenómeno esencial para poder fluir y relacionarnos con los demás. No solo la confianza en uno mismo y en las personas más cercanas a nosotros, sino la confianza en la vida. La desconfianza evita la posibilidad de relacionarte con los demás de manera efectiva y positiva. Por el contrario, cuando confías en alguien, esa persona tiene la ocasión de generar relaciones más optimas y duraderas.

La confianza es la conversación de la que dependen todas las relaciones, por eso decimos que es uno de los juicios más importantes que necesitamos desarrollar como personas. La confianza genera respeto. El respeto es el juicio de aceptación del otro como un ser diferente. Implica la aceptación de la diferencia. Implica la disposición a concederle al otro un espacio de plena y recíproca legitimidad.

Como muy bien expresa Miriam Ortiz de Zarate en su blog *miriamortiz.es*, cuando hablamos de confianza podemos distinguir entre dos tipos:

La **confianza simple.** Es la confianza del niño. Es una confianza primaria que todos tenemos en nuestra infancia. Fluye de manera automática, no es reflexiva, no se cuestiona a sí misma, es una confianza total y completa y cuando se rompe (y se rompe siempre en algún momento de la infancia), se rompe para siempre, porque aparece algo que antes no estaba, que es la desconfianza.

La **confianza alimentada** es un tipo de confianza que se construye de manera consciente y reflexiva. Separa a unos de otros, es consciente de sus límites. También se puede romper, pero permite ser reconstruida. La confianza alimentada tiene tres aspectos fundamentales:

- Vive en el dominio de los juicios: la confianza alimentada es un juicio: Yo juzgo que puedo confiar (o no) en esta persona.
- Tiene la necesidad de ser cuidada, alimentada: Cuando confío en alguien, decido mantenerme confiado, sostengo la confianza, la cuido, la alimento.
- Genera la capacidad de actuar en interrelación con otros: Cuando confío en alguien puedo accionar en interrelación con él.

Por tanto, busca alimentar la confianza, cuidarla de tal manera que genere ese espacio de comodidad a los que te rodean cuando están contigo. Mantente confiado para generar confianza, sé tú el que comienza a confiar y pronto verás aparecer la confianza en los demás.

La esperanza

Según el diccionario, esperanza es la confianza de lograr una cosa, de que la cosa deseada se realice.

Visualizar tus metas y tener claros los recursos para lograrlas favorece el desarrollo de la ESPERANZA. La esperanza te ayuda a comprometerte con tus metas, gracias a ella confías en el futuro y espiritualmente te une con la fe, ya que hace que confíes en algo que no ves.

La psicología define la esperanza como un conjunto de ideas y creencias que te ayudan a encontrar el camino para conseguir tus metas y te permite confiar en tus capacidades para conseguirlas. Algunos estudios psicológicos han demostrado que los estudiantes con niveles más altos de esperanza se desenvuelven mejor en la escuela. Y los universitarios más esperanzados durante el primer semestre tienen mayores probabilidades de terminar su carrera.

La esperanza se relaciona con la salud física y mental: las personas con mayor esperanza sobrellevan mejor las enfermedades, ya que se comprometen más con el tratamiento y la prevención. Además tienden a soportar mejor el dolor. En cuanto a salud psicológica, las personas esperanzadas generalmente están más contentas y experimentan emociones positivas, ya que la esperanza les ayuda a establecer y conseguir sus propósitos. Tienen índices más bajos de depresión, se sienten más satisfechas con su vida y manejan mejor el estrés.

Además, la esperanza, se asocia con el sentido de la vida, con pensar que la vida tiene un significado. Las personas con una gran esperanza conectan mejor con los demás, se interesan por ellos sinceramente y son más flexibles, ya que tienen en cuenta otros puntos de vista diferentes al suyo.

3. COMPROMÉTETE

La capacidad de comprometernos es probablemente el aspecto más destacable y constitutivo de nuestra existencia como seres humanos.
JIM SELMAN

Para adquirir mayor confianza debes de querer hacer algo, y para ello, lo más importante es comprometerte, o sea, dedicarte sin reservas. Estar dispuesto a hacer lo que haga falta para conseguir tu objetivo. Adquirir el compromiso supone que tienes que hacerte cargo de la situación, sea la que sea. Quieres lograr algo concreto y vas a hacer todo lo necesario por conseguirlo.

A mis clientes de *coaching* siempre les digo que sin compromiso no hay *coaching*. Cuando te comprometes, te obligas a priorizar las acciones necesarias para realizar tu cometido. Esto supone casi siempre que tengas que renunciar a ciertas cosas, aunque no te des cuenta. La pregunta que te tienes que hacer es «¿Con qué estoy comprometido en esta situación?», para poder alinear tus acciones con lo que quieres conseguir.

Nunca pongas en duda tus propias capacidades. Tú puedes lograr todo lo que te propongas. Más que tu talento, es tu ambición la que te va a ayudar a conseguir lo que quieres. Solo tienes que enfocarte de verdad en lo que deseas conseguir y seguir estos sencillos pasos:

EJERCICIO 77

Comprométete a hacer algo que crees que no puedes hacer
Elige una cosa que nunca hayas hecho y creas que no puedes hacer, solo una, puede ser pequeña, pero hazla. Puede ser una comida que pienses que es muy difícil de preparar o reparar ese grifo que gotea. Lo que te parezca. Cuando lo consigas, te sentirás muy satisfecho.

EJERCICIO 78

Conéctate
Imagina que hablas con Dios, el Universo o tan solo con «tu YO superior». Siéntate junto a él, cuéntale tus dudas,

conversa. Escucha lo que tiene que decirte. La verdad está en tu interior. Una vez que te comprometes, en el universo se confabulan los astros para hacer todo lo posible por ayudarte. Los milagros existen, sobre todo si estás comprometido. Pruébalo hoy mismo si tienes tiempo, coméntale a esa fuerza superior el problema que tienes y espera la respuesta, te aseguro que llegará. Si lo haces por escrito te resultará más potente.

EJERCICIO 79

Visualiza tus resultados
Para ello realiza una visualización creativa. Consiste en formarte una imagen mental de algo que no tienes delante utilizando tu imaginación. Visualizar es una acción que realizas de manera natural todo el tiempo en tu mente. Piensas en imágenes que generan emociones, estas te hacen vibrar de una manera determinada y atraen hacia ti lo que vibra de forma similar. Este es un proceso automático que llevas a cabo en tu mente, seas consciente o no, ya que las palabras de tu diálogo interno las transforma tu mente en imágenes. Se trata de una herramienta que puedes ejercitarla de manera consciente. Así, puedes crear realidad en los pensamientos que tengas. Para que te sea más fácil, te propongo estos sencillos pasos:

* *Elige tu objetivo*: Define el objetivo que quieres conseguir de una manera muy concreta y pon una fecha límite para ello. Si pensaras que todo es posible y no tuvieras miedo a equivocarte, ¿cuál sería ese objetivo? Cuanto más claras sean las instrucciones que le das a tu mente, de manera más eficiente se comportará.
* *Crea una película mental*: Tiene que ser muy clarificadora, con tantos detalles que se puedan expresar las emociones. Tienes que tener la sensación de que ya has conseguido lo que quieres de una

manera muy real. Lo mejor es que te veas disfrutando de tu objetivo; no importa cómo lo consigas, piensa que ya lo tienes y disfrútalo.
* *Visualiza intensamente*: cada día, antes de irte a dormir, dedica diez minutos para recrearte en la visualización de tu objetivo. Primero realiza unas cuantas respiraciones para relajarte y después, comienza la visualización.
* Este ejercicio tiene mayor impacto si lo realizas todos los días o varias veces al día, y si lo haces antes de ir a dormir, pues tu subconsciente seguirá trabajando mientras duermes con la última información que le has aportado.

EJERCICIO 80

Toma acción y celebra tus logros
Actúa, actúa sin detenerte y a medida que logres avances, empieza a celebrarlos. Es muy importante que te tomes un minuto para apreciar todo lo que tienes y cuánto has logrado conseguir. Cuando consigas alcanzar tu próxima meta, ¿cómo lo vas a celebrar? Date un homenaje, te lo mereces.

Cuando adquieres un verdadero compromiso contigo mismo y sabes lo que quieres, es más fácil que encuentres tu forma de contribuir al mundo, de tener un propósito para dar un servicio que mejore la sociedad. Si mantienes ese compromiso, es cuando no te vas a dejar influenciar por el entorno que, en muchas ocasiones, va a ser el culpable de tus fracasos. Las personas de tu entorno, con la mejor intención posible, se atreven a criticar tu emprendimiento, pudiendo hacer que desistas de tu proyecto si no has adquirido un compromiso firme contigo mismo y con el propósito que te ha llevado a iniciarlo. Es lo que Javier Iriondo llama «los ladrones de sueños» en su libro *Donde tus sueños te lleven*. Esos que te dicen «¿dónde vas con la que está cayendo?».

Me viene a la memoria un cuento que puede ilustrar esta circunstancia, al que he llamado *El vendedor de tortillas*.

    Un hombre vivía en un pueblo por el que pasaba una carretera muy transitada. Tenía un bar en el que se servían más de cincuenta clases diferentes de tortillas. No tenía radio, ni televisión, ni leía los periódicos, solo se dedicaba a lo que más sabía, hacer las mejores y más variadas tortillas que te puedas imaginar.
    Se preocupaba por la divulgación de su negocio y colocaba carteles de propaganda por el camino, ofrecía su producto en voz alta y todo el pueblo le compraba.
    Las ventas fueron aumentando cada vez más, compraba los mejores huevos y los productos más frescos para confeccionar sus tortillas. Llegó un momento en que fue necesario contratar más trabajadores para atender a la creciente clientela. El negocio prosperaba. Sus tortillas eran famosas en toda la región.
    Venciendo su situación económica inicial, pudo pagar una buena educación a su hijo, quien fue creciendo y envió a estudiar Economía en la mejor Universidad del país.
    Finalmente, su hijo ya graduado con honores, volvió a casa y notó que su padre continuaba con la misma vida de siempre. Tuvo una seria conversación con él...
    —Papá, ¿no escuchas la radio? ¿No ves la televisión? ¿No lees los periódicos? ¡Hay una gran crisis en el mundo! ¡La situación de nuestro país es crítica! ¡Todo está mal y el país va a quebrar!
    Después de escuchar las consideraciones de su hijo, el padre pensó: «Bien. Si mi hijo economista lee periódicos y ve televisión, entonces solo puede tener la razón».
    Y por miedo a la crisis, el hombre empezó a reducir la variedad de tortillas. Ahora solo tenía treinta tortillas diferentes. Comenzó a comprar los huevos más baratos y el género para realizar sus tortillas de peor calidad. Para economizar, dejó de hacer sus carteles de propaganda. Tuvo que reducir a diez la variedad de tortillas debido a la disminución de clientela.
    Abatido por la noticia de la crisis, ya no ofrecía su producto en voz alta ni atendía con entusiasmo a sus clientes.

Tomadas todas esas precauciones, las ventas comenzaron a caer y fueron cayendo y cayendo hasta llegar a niveles insoportables.

El negocio de tortillas del viejo que antes generaba recursos para que el hijo estudiara Economía, finalmente quebró.

Tuvo que cerrar.

Entonces el padre, muy triste, le dijo al hijo:

—Hijo, tenías razón. Estamos en medio de una gran crisis.

Y les comentó orgulloso a sus amigos:

—Bendita la hora en que envié a mi hijo a estudiar Economía. Él me avisó de la crisis...

Y tú, ¿tienes a alguien que te avisa de la crisis?

4. ENTRENA LA BUENA SUERTE

Existen muchas personas de las que se dice que tienen muy buena suerte. Cuando cuentas con la suficiente confianza para pensar que todo va a salir bien, crees en ti mismo y confías en los demás, parece que la buena suerte te acompañe siempre. Es algo que a mí me ha ocurrido, y cuando alguien me pregunta, le digo que la buena suerte existe, aunque hay que ir a buscarla. No puedes quedarte parado esperando a que las cosas te caigan del cielo; debes ir a por ellas. La suerte la encuentras cuando te enfocas en lo que quieres: si te centras en las oportunidades, eso es lo que encontrarás; si te centras en los obstáculos, hallarás más obstáculos. Enfócate, mantén tu objetivo en mente y si surgen problemas, ya los solucionarás; tú sigue avanzando en la misma dirección. Utiliza tu energía para dirigirte hacia la meta que quieres. Recuerda: aquello en lo que te centras se expande. Para mí, la buena suerte puede llegar a convertirse en una habilidad, y como tal, se puede entrenar. Te propongo unos ejercicios que me aconsejó una amiga y me han dado muy buenos resultados.

Isabel Sales, *coach* y formadora valenciana, utiliza unos principios para entrenar la buena suerte. Ella lo llama «gimnasia para la buena suerte». Basándose en un estudio que el psicólogo Richard Wiseman realizó con 400 personas excepcionalmente «afortunadas» o «desgraciadas» en el que identificó una serie de principios que caracterizan a las personas afortunadas en su funcionamiento a nivel de percepción, de procesos mentales y de actitud. Isabel propone una serie de ejercicios para «entrenarte» a partir de dichos principios, para incrementarlos si ya los tienes o bien para incorporarlos a tu día a día. Yo los he adaptado un poco para que me resulten más sencillos. Vamos con ellos:

Maximiza tus oportunidades

Las personas afortunadas son expertas en crear, fijarse y actuar de acuerdo con las buenas oportunidades cuando surgen.

Una forma de abrirte a nuevas oportunidades es realizar esfuerzos deliberados por mirar de un modo distinto las situaciones ordinarias. Al hacer esto, puedes ver que el mundo está lleno de innumerables posibilidades y aprovechar alguna de ellas si te parece que merece la pena.

Para ampliar y conocer a nuevas personas que pueden llegar a formar parte de tu «red de la suerte»:

EJERCICIO 81

Proponte hablar cada semana con un desconocido que te dé buena impresión, aprovechando alguna circunstancia fortuita, por ejemplo en la cola del cine o de la caja del súper, pidiendo alguna ayuda o información, haciendo preguntas abiertas del estilo «¿qué piensa de esto?», que hacen que la gente se explaye, con sinceridad y sin miedo al rechazo.

EJERCICIO 82

Cada semana llama a un conocido con quien hace tiempo que no hablas para saber de su vida. Busca hablar con esas personas que te generan positividad.

Es mucho más difícil ser positivo cuando estás rodeado de gente negativa. Tienes que ver la negatividad de los demás como algo a lo que no quieres llegar, sin juzgarlos, sin criticarlos, ya que si lo haces te estás poniendo a su nivel y si esa energía negativa te desborda y no te deja avanzar, lo mejor es alejarte de ella. Relaciónate con personas positivas y tendrás una vida más positiva.

Para adoptar una actitud relajada en la vida y estar más receptivo y abierto a nuevas experiencias:

EJERCICIO 83

Practica regularmente ejercicios de meditación.
Concéntrate en tu respiración y quédate unos minutos contigo mismo en silencio.

Al meditar, aquietas el cuerpo y la mente. Cierra los ojos, deja de fijarte en los estímulos del exterior y dirige toda tu atención al inmediato espacio que te rodea. En este espacio comienzas a conectar con tu mundo interior, que se vuelve más real que el exterior. Tu cerebro consigue llegar a un grado de coherencia que le permite enviar señales más coherentes desde el sistema nervioso al resto del cuerpo. Tu cerebro y tu cuerpo consiguen entrar en comunión, por lo que te sientes más integrado y equilibrado.

Como dice Pablo d'Ors en su *Biografía del silencio*,

> *meditar no es difícil, lo difícil es querer meditar... La meditación es una disciplina para acrecentar la confianza. Uno se sienta y confía... todo es cuestión de fe... Al meditar se descubre que a la vida no hay que añadirle nada para que sea vida, y todavía más, que todo lo que le añadimos la desvitaliza.*

Cuando eres consciente de estas enseñanzas, no puedes hacer otra cosa que probar a meditar. Cuesta al principio, todo hay que decirlo, aunque llega a enganchar de una manera que necesitas hacerlo todos los días.

EJERCICIO 84

Haz un listado con 6 nuevas experiencias
Que nunca hayas hecho y que no te importaría hacer, desde probar comida japonesa a saltar en paracaídas, o alguna de más esfuerzo, como aprender un idioma.

Numéralas y tira un dado: tienes que realizar la que tenga el número que salió en el dado.

Cuando realicé este ejercicio por primera vez, salió el número 3, correspondiente a la actividad de «subir en globo». Yo sabía que era una aventura que me había propuesto en alguna ocasión y todavía no había encontrado el momento de realizarla. O quizás el miedo no me estaba permitiendo que encontrase el momento. Lo que hice fue proponérselo a un grupo de amigos en el que sabía que había alguno más interesado en dicha actividad. Así, organizamos un fin de semana en Segovia que incluía un vuelo en globo sobrevolando la ciudad. De esta forma, algo que me costaba hacer solo fue fácil realizarlo con un grupo de amigos.

Presta atención a tu intuición

El 90% de las personas que se consideran afortunadas aseguran que hacen caso a su intuición en lo que respecta a las relaciones personales, y casi un 80% aseguran que también juega un papel vital en sus decisiones profesionales.

¿Significa esto que la gente afortunada tiene corazonadas más acertadas que el resto? Quizás, pero lo que es seguro es que son más propensos a la acción: son gente activa que maximiza sus posibilidades de tener buena suerte. Quien no apuesta, no gana, y quien no sigue a su instinto, no apuesta.

Si te fijas en el significado de la palabra intuición, es la habilidad para conocer, comprender o percibir algo de manera clara e inmediata, sin la intervención de la razón. Y es que la razón, muchas veces, se convierte en esa vocecita interior que no puedes controlar y que está siempre empeñada en tener la razón, valga la redundancia. La función de esa vocecita, como dice el escritor Sergio Fernández en *Vivir con abundancia*, no es tu felicidad sino tu supervivencia.

Para aprender a escuchar tu «voz interior»:

EJERCICIO 85

«Visita al anciano de la cueva»
Consiste en relajarse con los ojos cerrados e imaginar, con todo detalle, que visitas una cueva donde un anciano sabio te aconseja sobre la decisión que tienes que tomar, pero primero te pregunta y le tienes que decir en voz alta lo que sientes. De esta forma, haces que tu realidad interna se posicione en el exterior, y eres capaz de comunicarte con ella.

EJERCICIO 86

Otro ejercicio es **escribir una carta con la decisión** como si ya la hubieras tomado (por ejemplo, si estás pensando en dejar el trabajo, escribir una carta de renuncia), y ver cómo te sientes y si de verdad quieres enviar esa carta.

EJERCICIO 87

Quédate en silencio unos minutos
Sin hacer nada, simplemente sintiendo. Los ejercicios de relajación y meditación que te he comentado anteriormente también te serán útiles para limpiar la mente de otros pensamientos y estimular la intuición a medio plazo. El silencio te conecta contigo mismo; prueba a quedarte todos los días cinco o diez minutos en silencio para disfrutar de él.

Sé positivo en tus expectativas

En la gente con suerte operan los resortes de la profecía autocumplida. El sociólogo Robert King Merton (1948) la definió como «una definición falsa de la situación que despierta un nuevo comportamiento que hace que la falsa concepción original de la situación se vuelva verdadera». El simple hecho de pensar que algo va a ocurrir hace que realicemos acciones (conscientes o inconscientes) que acaban haciendo que ocurra.

Más tarde se realizó un experimento para corroborar las teorías de Merton. Los psicólogos Robert Rosenthal y Leonore Jacobson (1966) seleccionaron al azar estudiantes en una escuela de primaria, después de realizarles una serie de test de inteligencia, y los distribuyeron en dos clases. Les indicaron a los profesores que, debido a las altas capacidades de los alumnos elegidos de una clase, tendrían grandes mejoras académicas durante el curso. En la otra clase ubicaron a los niños con más bajo nivel e indicaron a sus profesores que estos tendrían un rendimiento menor. En realidad, todos los alumnos habían sido distribuidos al azar, sin tener en cuenta ninguna circunstancia de su inteligencia. El análisis de los resultados académicos y las mediciones de los test realizados varios meses después, demostró que el rendimiento de los alumnos de la primera clase durante el curso mejoró considerablemente y tenían una gran predisposición a aprender. En la clase etiquetada como de nivel bajo los alumnos presentaron notas muy por debajo de su media y tenían escasa predisposición a aprender. En las dos aulas se dio lo que se conoce en psicología como profecía autocumplida o efecto Pigmalión; es decir, las creencias de los profesores acerca de las capacidades de sus alumnos originaron conductas que los mismos profesores esperaban, a pesar de haber sido alumnos distribuidos al azar.

En este sentido, te voy a contar una experiencia propia del efecto Pigmalión. Es una anécdota que ocurrió cuando cursaba séptimo curso de EGB. Resulta que yo tengo un hermano gemelo que, en aquella época, obtenía puntuaciones inferiores a las mías en los exámenes del colegio. Lo que ocurrió fue que, un día en el que me encontraba enfermo y no pude asistir a clase, el profesor puso un examen inesperado. Mi hermano gemelo, que sí acudió ese día, realizó los dos exámenes, el suyo y el mío, con la consiguiente sorpresa que yo obtuve una puntuación más alta que la suya. ¿Cómo pudo ocurrir esto? La misma persona realiza dos pruebas iguales y obtiene mayor puntuación en una que en otra. De repente, ¿sabía más al realizar mi examen que el suyo? La explicación viene dada por el experimento de la profecía autocumplida de Rosenthal y Jacobson. Fueron las expectativas de mi profesor las que hicieron que mis notas fuesen más altas que las de mi hermano.

Para prever y enfocarte en resultados positivos:

EJERCICIO 88

Escribe una serie de frases positivas acerca de la suerte en el futuro y repítetelas al comienzo de cada día. Define cómo quieres que sea tu día y tus expectativas influirán en él. Ya has visto las afirmaciones positivas; en este ejercicio lo que te propongo es que escribas cada día afirmaciones nuevas que te motiven. Tienes que hacerlo con papel y bolígrafo, ya que le escritura manual puede resultar terapéutica, pues estimula la actividad cerebral y exige coordinar procesos cognitivos, motrices y neuromusculares.

EJERCICIO 89

Trabaja con un plan de acción en el que habrás marcado una serie de acciones con fecha límite a realizar para conseguir tus objetivos, tanto a largo plazo como a medio y a corto plazo. Muchas veces, para conseguir un objetivo solo necesitas poner una fecha de finalización. De esa forma te será más fácil distribuir tus tareas e ir cumpliendo pequeñas metas hasta alcanzar tu objetivo.

Para tener más entusiasmo:

EJERCICIO 90

Imagina que ya has alcanzado el objetivo. Haz un breve análisis de costes y beneficios, fíjate en que los beneficios superan a los costes y utiliza esta emoción como palanca para animarte a actuar.

Convierte tu mala suerte en buena

La gente afortunada no siempre tiene buena suerte, pero es testaruda y afronta la adversidad de forma distinta a las personas que se creen desgraciadas. La gente con suerte, asegura Weisman, sabe ver el lado positivo de su mala fortuna, no se detienen en ella y toman las precauciones necesarias para que no les vuelva a ocurrir.

Para incrementar la capacidad para reelaborar: la mala fortuna de hoy puede convertirse en la buena suerte de mañana .

EJERCICIO 91

Lo peor no ha llegado aún
Cuando algo te salga mal, piensa en cómo podría haber sido para que todavía fuera peor. Esto no va a cambiar la situación, aunque te ayudará a relativizarla y darte cuenta de que no es tan importante como piensas.

EJERCICIO 92

Haz un listado de tres hechos (o resultados en algún área) **negativos de tu pasado** que con el tiempo se han transformado en algo positivo y/o te han posibilitado experiencias que te han abierto nuevos campos de crecimiento y aprendizaje.

EJERCICIO 93

Cuando una puerta se cierra otra se abre
Recuerda tres experiencias en las que precisamente por no conseguir tu objetivo, evitaste males mayores. Todo ocurre por alguna razón, cuando no obtienes algo es para tu bien. Cuando no consigues ese trabajo es porque hay otro mejor esperándote. Si no te llama esa persona que esperas, es porque no te conviene. Fíjate en las oportunidades que se abren cuando no obtienes lo que esperas y acepta las cosas que no puedes cambiar.

Para aprender a no detenerte en tu «mala fortuna»:

EJERCICIO 94

No te regodees en tu mala fortuna cuando algo te salga mal. Desahógate un rato si quieres, pero a continuación, distráete: haz ejercicio, mira una película, queda con gente o busca el aprendizaje que has obtenido.

Como dice mi amigo Javier Velayos en su libro *Cuarto Creciente*, «siempre son los golpes más duros de los que más aprendemos y nos cambia nuestra visión, ampliando horizontes si los queremos ver y salir a la vida. O quedarnos encerrados, aislados del mundo por miedo a vivir». Esos aprendizajes son los que nos hacen crecer como personas.

La gente afortunada, en definitiva, no cree en la suerte, solo en su capacidad para que les vaya bien en la vida. Pero la buena noticia es que esa capacidad se puede entrenar y desarrollar.

Yo he realizado estos ejercicios con muy buenos resultados. Te animo a que los pongas en práctica y lo compruebes por ti mismo. No te los creas sin ponerlos en práctica. No tienes nada que perder y puedes ganar mucho.

El cuento que te propongo a continuación te ayudará a relativizar la buena o mala suerte que creas tener.

En una lejana comarca, allí donde el sol aparece cada mañana, vive Ching, un anciano de frágil cuerpecillo y larga barba blanca. Sus modales serenos y su palabra siempre cuidadosa y amable, hacen de él un hombre respetado por todos los que le conocen, que incluso afirman que Ching fue en su juventud iniciado en los mis-

terios de la antigua sabiduría. Así que su prudencia y sobriedad es siempre objeto de admiración de todos los que le conocen, incluido su propio y único hijo que con él vive.

Aquel día, los vecinos del poblado se encontraban muy apenados. Durante la pasada tormenta, las yeguas de Ching habían salido de sus corrales y escapado a las montañas, dejando al pobre anciano sin los medios habituales de subsistencia. El pueblo sentía una gran consternación, por lo que no dejaban de desfilar por su honorable casa y decir repetitivamente a Ching:

—¡Qué desgracia! ¡Pobre Ching! ¡Maldita tormenta cayó sobre tu casa! ¡Qué mala suerte ha pasado por tu vida! Tu casa está perdida...

Ching, amable, sereno y atento, tan solo decía una y otra vez:

—Mala suerte, buena suerte, ¿quién sabe?...

Al poco sucedió que el invierno comenzó a asomar sus vientos, trayendo un fuerte frío a la región, y ¡oh, sorpresa!, las yeguas de Ching retornaron al calor de sus antiguos establos, pero en esta ocasión, preñadas y acompañadas de caballos salvajes encontrados en las montañas.

Con esta llegada, el ganado de Ching se había visto incrementado de manera inesperada.

Así que el pueblo, ante este acontecimiento y sintiendo un gran regocijo por el anciano, fue desfilando por su casa, tal y como era costumbre, para felicitarlo por su suerte y su destino.

—¡Qué buena suerte tienes, anciano! ¡Benditas sean las yeguas que escaparon y aumentaron tu manada! La vida es generosa contigo, Ching...

A lo que el sabio anciano tan solo contestaba una y otra vez:

—Mala suerte, buena suerte, ¿quién sabe?...

Pasado un corto tiempo, los nuevos caballos iban siendo domesticados por el hijo de Ching, que desde el amanecer hasta la puesta del sol no dejaba de preparar a sus animales para sus nuevas faenas. Podría decirse que la prosperidad y la alegría reinaban en aquella casa.

Una mañana como cualquier otra, sucedió que uno de los caballos derribó al joven hijo de Ching, con tan mala fortuna que sus dos piernas se fracturaron en la caída. Como consecuencia, el único hijo del anciano quedaba impedido durante un largo tiempo para la faena diaria.

El pueblo quedó consternado por esta triste noticia, por lo que uno a uno, pasando por su casa, decía al anciano:

—¡Qué desgraciado debes sentirte, Ching! —le decían apesadumbrados—. ¡Qué mala suerte, tu único hijo! ¡Malditos caballos que han traído la desgracia a la casa de un hombre respetable!

El anciano escuchaba sereno y tan solo respondía una y otra vez:

—Mala suerte, buena suerte, ¿quién sabe?...

Al poco, el verano caluroso fue pasando y cuando se divisaban las primeras brisas del otoño, una fuerte tensión política con el país vecino estalló en un conflicto armado. La guerra había sido declarada en la nación y todos los jóvenes disponibles eran enrolados en aquella negra aventura. Al poco de conocerse la noticia, se presentó en el poblado un grupo de emisarios gubernamentales con la misión de alistar para el frente a todos los jóvenes disponibles de la comarca. Al llegar a la casa de Ching y comprobar la lesión de su hijo, siguieron su camino y se olvidaron del muchacho, que tenía todos los síntomas de tardar en recuperarse un largo tiempo.

Los vecinos sintieron una gran alegría cuando supieron de la permanencia en el poblado del joven hijo de Ching. Así que, de nuevo, uno a uno fueron visitando al anciano para expresar la admiración que sentían ante su nueva suerte.

—¡Tienes una gran suerte, querido Ching! —le decían—. ¡Bendito accidente aquel, que conserva la vida de tu hijo y lo mantiene a tu lado durante la escasez y la angustia de la guerra! ¡Gran destino el tuyo que cuida de tu persona y de tu hacienda, manteniendo al hijo en casa! ¡Qué buena suerte Ching ha pasado por tu casa!

El anciano, mirando con una lucecilla traviesa en sus pupilas, tan solo contestaba:

—Mala suerte, buena suerte, ¿quién sabe?...

Este cuento ilustra muy bien el hecho de que no debes emitir juicios ni lamentarte por lo que te pasa en la vida; todo tiene una razón de ser. Es mejor fluir con las circunstancias, ya que lo que se presente en tu vida es lo mejor que te pueda suceder. Pensando de esta manera no fuerzas situaciones ni te sientes obligado a actuar llevado por tu ego. Quizá eches de menos la falta de control sobre algunas situaciones. Pero ¿quién dice que estés obligado a tenerlo todo controlado?

5. CONSTRUYE TU SUEÑO

Estoy seguro de que eres capaz de soñar y de que tienes muchos sueños fantásticos. Para proponerte conseguir alcanzar tu sueño necesitas una dosis muy alta de confianza. Confianza en ti mismo, confianza en los demás y confianza en la vida. Antes de comenzar a construir tu sueño, debes convertir tu sueño en visión. El sueño es algo que te gustaría, que sueñas con tener, que ojalá llegara algún día. Algo que deseas, aunque todavía no te has puesto en marcha para conseguirlo. Se puede definir la visión como el resultado de tus sueños puestos en acción. Tienes un sueño, algo que piensas que podría o te gustaría que sucediera. A partir de aquí, te pones a realizar acciones para que ocurra y ya se ha convertido en tu visión. Lo que hace la visión es coordinar nuevas acciones que te lleven donde quieres ir. Para generar esa imagen de futuro tienes que poner en palabras eso que quieres. Tu visión debe desafiar el pasado y conseguir inspirar lo suficiente como para justificar el esfuerzo que tendrás que realizar para lograrlo.

Una visión sin acción no pasa de un sueño. Acción sin visión sólo es un pasatiempo. Pero, una visión con acción puede cambiar el mundo.
JOEL BARKER.

A continuación te propongo una práctica en la que se recopilan varios de los ejercicios propuestos en este libro. Se trata de construir tu sueño; para ello, sigue al pie de la letra los siguientes pasos. Para empezar tienes que realizar una lista, lo más extensa posible, de todos tus deseos, de todo lo que quieras tener, hacer o ser.

- Para ello debes preguntarte: Si el dinero y el tiempo no fueran ningún problema, ¿qué me gustaría tener, hacer o ser? Piensa en tus valores, esos pilares que sustentan tu vida, esos principios en los que te basas para decidirlo todo. Los valores son esos principios que te condicionan a la hora de actuar y que sin ellos no sabes a qué atenerte; son tu guía, los indicadores de tu conducta. Se trata de esas creencias fundamentales que te ayudan a elegir unas cosas frente a otras. Son el motor que te hace funcionar, la energía que necesitas cada día. Basándote en tus valores no puedes equivocarte.

- Pregúntate:
  ¿Cuál es la experiencia gratificante que me gustaría vivir?
  ¿Qué me hará sentirme realizado?
- Seguramente, en tu lista habrás puesto algunas cosas que realmente no quieres, que están ahí porque es lo que quiere todo el mundo. Vuelve a tu lista y rechaza todo lo que no te conduce a tu verdadero objetivo, a conseguir tu felicidad.
- Ahora que en tu lista solo queda lo que de verdad te importa, analiza cada una de las metas que has puesto y visualiza que ya la has conseguido. Ya has visto antes cómo visualizar. Debe ser una visualización muy real. ¿Qué ves? ¿Qué colores hay? ¿Qué sonidos oyes? ¿Qué sientes? Analízala con los cinco sentidos. Escribe todas esas sensaciones para no olvidarlas. Prioriza cada una de las metas que has puesto en tu lista por orden de preferencia.
- A partir de aquí, tu principal cometido debe ser poner toda tu energía en conseguir esos objetivos, eso es lo más importante de tu vida. Cuando tengas dudas entre lo que te dice tu cabeza y tu corazón, hazle caso a tu corazón, él no se equivoca. Tu mente puede estar guiada por el ego, tu corazón se guía por tus emociones, por el amor.
- En tu camino hacia la consecución de tus objetivos, sigue a tu corazón y comprobarás cómo el camino es tan importante como el objetivo en sí. La felicidad la encontrarás haciendo lo que quieres hacer. La felicidad es un camino a emprender, no un objetivo a lograr.
- Presta atención a ese camino, ya que vas a encontrarte con algunos peligros que pondrán a prueba tus miedos. Te surgirán dudas que únicamente vas a resolver si le preguntas a tu corazón. El miedo puede hacer que te enfoques más

en lo que temes que en lo que quieres, aunque desaparecerá en cuanto te enfrentes a él. Aquí necesitas una gran dosis de confianza en ti mismo para decirle al miedo que eres más grande que él y que lo vas a superar. La confianza te ayudará a ir un poco más allá de tus límites, te ayudará a superarte. Así convertirás cada dificultad en un reto a batir, en una oportunidad para conseguir ser más fuerte.

- Celebra cada logro que consigas y piensa que es un peldaño más para llegar hasta tu objetivo. Haz una celebración real, aunque sea sencilla, que sea algo que te motive para continuar.
- Seguramente te vas a encontrar con los ladrones de sueños, esas personas que tienen una visión negativa de la vida y que piensan que no vale la pena esforzarse. Intentarán hacerte creer que estás perdiendo el tiempo. Dirán que tu meta es imposible, que eres un ingenuo. No les hagas caso. Por muy difíciles que puedas ver las cosas en un determinado momento, nunca desesperes; siendo constante conseguirás lo que te propongas.
- En alguna ocasión, para superar un obstáculo tendrás que dar un rodeo o incluso volver atrás. Confía en que lo puedes superar y continúa. Si alguien te ofrece su apoyo, cógelo. Esos incentivos de las personas que creen en ti te harán más fuerte. La perseverancia hará que consigas más éxitos. Si en algún momento caes, levántate, que esas caídas no te hagan abandonar; no te desvíes de tu propósito y sigue avanzando. Si tienes paciencia y perseveras, lo conseguirás.
- Por último, algo que no debe faltar durante el recorrido de ese camino es una gran dosis de AMOR. Primero, amor a ti mismo para ser más fuerte; luego, amor por lo que haces para que tenga sentido y, finalmente, amor por los demás para ayudar a los que te necesiten. Con estos ingredientes no habrá nada que te pare. La felicidad no puede existir sin amor, ya que el amor es el comienzo y el fin de la vida.

CUARTA PARTE

EL AMOR

El amor, si se lo toma seriamente, es un punto de vista radical, una importante desviación de la orientación psicológica que rige el mundo. Es amenazador no porque sea una idea pequeña, sino porque es tan enorme.
MARIANNE WILLIAMSON

No debemos permitir que alguien se aleje de nuestra presencia sin sentirse mejor y más feliz.
MADRE TERESA DE CALCUTA

Si quieres que otros sean felices, practica la compasión. Si quieres ser feliz tú, practica la compasión.
DALAI LAMA

Vivimos en el mundo cuando amamos. Solo una vida vivida para los demás merece la pena ser vivida.
ALBERT EINSTEIN

No siempre podemos hacer grandes cosas, pero sí podemos hacer cosas pequeñas con gran amor.
MADRE TERESA DE CALCUTA

Una de las definiciones que más me gustan sobre la palabra amor es la que hace Wayne Dyer en su libro *Tus zonas erróneas*, el cual siempre recomiendo encarecidamente. Para el Dr. Dyer, el amor es «la capacidad y la buena disposición para permitir que los seres queridos sean lo que ellos elijan para sí mismos, sin insistir en que hagan lo que a ti te satisficiera o te gustase». La verdad es que cuando actúas así, cuando dejas que los demás sean lo que quieren ser, sin intentar cambiarlos, estás demostrando verdadero amor.

1. EL AMOR ES LA FUENTE

Wayne Dyer, en su libro *El poder de la intención,* comenta qué es para él la fuente. Explica que, para buscar la clave de la vida, si ponemos partículas subatómicas en un acelerador de partículas y las hacemos colisionar, descubrimos lo que ya descubrió Einstein: que no existe una partícula en la fuente. La fuente es energía pura, ilimitada, invisible y sin límites. El profesor Dyer equipara la fuente con la intención, y dice que para activar la fuerza de la intención hay que basarse en la disciplina, la sabiduría, el amor y la entrega. Tú perteneces a la fuente, eres parte de ella y la intención es la que te ayuda a volver a ella, a volver a estar conectado a la fuente. Para conectarte a la fuente, el Dr. Dyer habla de utilizar las siete caras de la intención. Te voy a exponer lo que yo he aprendido de ellas.

Las siete caras de la intención:

1. *La creatividad*: es la disposición para crear o contribuir a crear algo más grande que tú. Confía en tu propósito y ten una actitud positiva ante la vida.
2. *La bondad*: es la inclinación o tendencia natural a hacer el bien. Vive con bondad para estar conectado. Trátate con bondad en todo lo que hagas. Cuando eres bondadoso recibes bondad a cambio.
3. *El amor*: es el campo energético de la intención. Es la cara más importante para estar conectado a la fuente. El amor es colaboración, es la fuerza que constituye la creación. Crea pensamientos amorosos y extiéndelos hacia todas las personas que conozcas.
4. *La belleza*: cuando decides ver belleza en todo lo que te rodea, te sientes más conectado. Si te centras en cosas bellas atraes pensamientos de belleza a tu mente y también, emociones o acciones bellas seguirán a esos pensamientos.
5. *La expansión*: actuar con el fin de expandirte, de expresar algo que aumente los aspectos positivos de tu vida. Sigue creciendo intelectual, emocional y espiritualmente manteniendo una actitud abierta.
6. *La abundancia ilimitada*: piensa que tú fuiste creado con abundancia y puedes crear todo lo que quieras en tu vida. Recuerda que te conviertes en lo que piensas. Si piensas que puedes manifestar abundancia en tu vida será más fácil que se cumplan tus expectativas.
7. *La receptividad*: se trata de que estés dispuesto a recibir. Al ser receptivo, estás en armonía con la fuente y te llegarán cosas buenas a tu vida.

Es muy importante que estés abierto a la aceptación de todo lo que llega a tu vida sin juzgarlo ni exigiendo que se quede o se vaya, sin juzgarte a ti mismo por ser como eres. Llevando a cabo las acciones que proponen las siete caras de la intención, cultivarás el amor en tu vida.

Está claro que cada persona tendrá un concepto de «fuente»: para unos puede ser el universo, para otros Dios, el karma, el infinito o cualquier otra fuerza poderosa que lo haya creado todo y haga que todo fluya.

Para mí, la fuente es el AMOR. Estoy convencido de que el amor es esa fuerza poderosa por la que tú estás aquí, el fundamento que te une a los demás seres, lo que da sentido a tu vida, lo que hace que tengas fe, que confíes, que agradezcas y que perdones, que te expreses o que aprendas, que te comuniques, que sientas, que disfrutes, que aceptes o que creas. De todo ello depende el amor. Quizás, con los siguientes párrafos puedas tener una mejor comprensión.

El amor es la verdad, es la fuente que todo lo puede. Sin amor no eres nada. El amor surge de la esencia, de tu interior. Tú eres amor y también cada una de las personas que te rodean, aunque algunas no lo saben y actúan como tal.

Sin amor solo hay miedo, ya que lo contrario del amor es el miedo. Solo hay dos maneras de actuar: o vives desde el amor o vives desde el miedo. El miedo no te deja avanzar, no te permite confiar en ti ni en los demás. El miedo te llena de pensamientos negativos de duda y desconfianza, con él solo encuentras negatividad.

El miedo no te permite soñar ni experimentar la verdad, ya que te paraliza o hace que te vuelvas agresivo. Con el miedo tu actitud se vuelve pasiva o reactiva. Reaccionas a lo que los demás te dicen o hacen, reaccionas a lo que dicen las circunstancias de tu entorno, reaccionas a las cosas que te hacen sufrir y al sufrir piensas que todo está en tu contra. Dejas de ser tú, dejas de estar conectado a tu esencia. Cuando sufres tienes más miedo y al tener más miedo, te perpetúas en el sufrimiento.

Te metes en un bucle que no te deja avanzar y comienzas a ser una víctima más del sistema, de las circunstancias. Una víctima que se instala en ese papel que le beneficia tanto, ya que por fin consigues la atención de los demás. Los demás se apiadan de ti y eso te reconforta de tal manera, que sigues haciéndote la víctima por los beneficios que ello te comporta.

Piensas que te ha abandonado la buena suerte, que Dios ya no quiere saber nada de ti, que el mundo está confabulado para hacerte sufrir. Y dejas de ser tú. Dejas que sea el entorno el que te condicione. Dejas que tu vida sea dirigida por lo que quieren otros y por todos los estímulos que tú percibes como negativos y te llegan del exterior.

Has dejado de brillar para convertirte en una sombra andante. Y cuando no brillas, no puedes ver cómo brillan los demás, ya que los demás son tu espejo y reflejan todo tu rencor y la rabia que sientes. Esto te hace pensar que todo y todos están contra ti y te vuelves más huraño, más hostil con la sociedad. Vas por la vida pensando en quién será el próximo que se meta contigo, estás esperando que te provoquen porque todo lo que ves son amenazas.

Te centras en tus debilidades y funcionas a través de ellas. Aquello que te quita energía es el centro de tu existencia. Te enfureces por todo lo que te rodea y piensas que todo está dispuesto para hacerte sentir mal, para hacerte la vida más difícil, para incordiarte en todo momento.

Vas por la calle temeroso de todo lo que te rodea, no confías en nada ni en nadie. Todo lo que te rodea son estímulos negativos que te indican que tu vida no sirve para nada. Llegas a tu casa y te sientes seguro, estás solo pero estás a salvo, y de repente oyes ruidos, piensas que alguien te quiere hacer daño y estás a la expectativa. Piensas que incluso en tu casa, no te dejan en paz, todo es hostil, todo es ruina a tu alrededor, todo está contra ti.

De repente llaman al timbre y piensas que es alguien que quiere hacerte daño. Abres la puerta y es tu vecina que se ha quedado sin sal. Tú estás nervioso, alterado, y le respondes mal, le dices que te deje en paz, que ya está bien de molestar. Estás reaccionando ante una realidad que es neutra. Tu vecina siempre te escucha, siempre te ayuda cuando la necesitas. Sin embargo, ese día le dices que ya está bien, que no quieres saber nada de ella, le recuerdas las veces que te ha molestado.

Se marcha asustada pensando que ha hecho algo mal y comienza a comerse la cabeza con que si habrá hecho mucho ruido la última vez que sus amigos fueron a cenar, o si su hijo te habrá molestado aquella noche que lloró. Y a la vez que está sintiéndose culpable, llega su hijo que quiere jugar con ella, reacciona y le chilla porque está irritada, está pensando en lo que ha hecho mal para que la trates así.

El niño comienza a llorar asustado y también se siente culpable, algo le ha hecho a su madre para que no quiera jugar con él. Comienza a recordar todos los momentos en los que su madre le ha chillado últimamente. Son muchos, piensa que casi siempre le chilla, aunque no es verdad, únicamente ha ocurrido en dos ocasiones en las que ella estaba irritada. El niño piensa que su madre no le quiere, que es un niño malo. Esos pensamientos de culpabilidad le hacen encerrarse en sí mismo. Piensa que no es bueno y que ya nadie le va a querer.

Cuando llega al colegio no juega con nadie, se siente mal, cree que nadie le entiende, se aísla. Al acercarse un compañero a decirle algo, piensa que le va a atacar y antes de que llegue, le amenaza. El otro niño sale corriendo asustado. Sus compañeros, al ver esta acción, piensan que no deben acercarse a él, que les puede pegar. Están tristes por ver en quién se ha convertido. La maestra observa que ha cambiado su actitud y decide llamar a su madre. La madre, tu vecina, todavía está rumiando qué es lo que ha podido hacer para que te sientas tan molesto con ella y llega al colegio donde le cuentan el comportamiento de su hijo. Se enfada mucho, ya que su hijo siempre ha sido muy sociable, no entiende ese cambio de actitud y le castiga.

Durante el castigo, el niño, metido en sus pensamientos, recuerda aquel día que le dijo a su madre que era tonta. Claro, insultó a su madre, por eso está tan enfadada y ha dejado de quererle.

Todo eso lo has provocado tú viviendo desde el miedo. Haciendo que el miedo sea el centro de tu existencia, has provocado una reacción en cadena que puede que tarde mucho tiempo en parar. No eres consciente de ello y cuando ves todo ese dolor a tu alrededor, se reafirman tus expectativas más pesimistas. Todo está mal, todo está preparado para hacerte sufrir.

Tienes que despertar. Tienes que salir de ese sueño neurótico que te hace sentir mal. Estás haciendo sufrir a mucha gente por ello. De repente te das cuenta de tu error. Ha habido algo que ha hecho un clic en tu mente. Ese libro que has leído o esa conversación que has oído de soslayo, ese vídeo que te ha llegado o esa indicación de tu madre. Algo que hace que vuelvas a conectar con el amor.

Vivir desde el amor, esa es la verdadera enseñanza: abandonar el miedo. Cuando vives desde el amor, aceptas que todo lo que llega a tu vida es para tu bien, que todo lo que te ocurre se va a traducir en un gran aprendizaje. Vives amándote y amando a los demás, amas incluso a las circunstancias y a todo lo que te rodea.

Cuando sales a la calle ves a todas las personas brillar, todos sonríen y te saludan, se preocupan por ti y van contentos por la vida. Te permites brillar y hacer brillar a los demás. Piensas que todo el mundo ha cambiado, te preguntas qué habrá ocurrido para que de repente, todos se muestren diferentes. Ya no ves hostilidad en tu entorno, ya no hay amenazas. Resulta que el que ha cambiado has sido tú. Has cambiado tu mirada, tu forma de ver las cosas y a las personas, y te parece que quienes han cambiado han sido las cosas y las personas.

Viviendo desde el amor, vas por la calle pensando que todo está preparado para hacerte feliz y cuando algo te sale mal, te preguntas qué puedes aprender de ello, no te ofuscas machacándote y sintiéndote culpable.

Viviendo desde el amor, llegas a tu casa feliz después de un día productivo en el que has visto cómo te sonríe la vida y se lo agradeces. Estás profundamente agradecido por llegar a casa, por tener una casa donde vivir, por estar rodeado de buenas personas. Le has comprado flores a tu vecina y se las entregas pidiéndole perdón por tu mala reacción cuando fue a pedirte sal. Le dices cuán agradecido estás al tenerla como vecina, y la invitas a cenar a tu casa.

Tu vecina deja de comerse la cabeza pensando que había hecho algo mal y cree que tuviste un mal día. Te había juzgado mal, piensa que eso le puede pasar a cualquiera. Está tan contenta que coge a su hijo y comienza a abrazarlo y besarlo. Le dice todo lo que lo quiere, que es el motivo de su existencia y le perdona levantándole el castigo. Le hace ver que su amor por él es incondicional.

El niño llega al colegio contento porque se siente querido y confía más en sí mismo. Le pide disculpas al compañero que amenazó y los demás niños, al ver esta acción, van a felicitarlo. La maestra le ve más feliz, más integrado en la clase, mucho más sociable y llama a su madre para comentarle el cambio de actitud que está teniendo. Cuando regresa a su casa su madre está muy orgullosa de él y le dice que, aunque alguna vez se enfade, siempre le va a querer. Está viviendo desde el amor.

Todo esto también lo has provocado tú. Viviendo desde el amor has hecho que todos los de tu alrededor también lo hagan.

El amor es la causa de todo lo bueno y positivo que te ocurre en la vida. El amor te hace más fuerte, más alegre, más positivo y confiado, hace que tengas una actitud proactiva y que aumente tu buena suerte. El amor te hace libre. Hace que vivas en paz, que experimentes la dicha de vivir y sentirte agradecido por todo lo bueno que tienes y por todo lo malo que no tienes.

Cuando vives desde el amor, no tienes miedo a nada; confías, confías en que todo va a ir bien. Confías en las personas y te haces responsable de todo lo que te ocurre. Dejas de querer controlarlo todo y aceptas todo lo que te llega con humildad, con ganas de querer ayudar a los demás a vivir desde el amor. Así, el amor se convierte en un virus que quieres propagar por todo el mundo. Cuando eres amor, transmites amor, y eso se nota. Todo el mundo puede verlo y tú confías en que eso es así, y continuas dando amor. Y cuanto más amor das, más tienes. Parece una paradoja pero es real. Es la ley del dar y recibir, cuanto más das de algo más te llega. En el amor se cumple rigurosamente.

Ama y haz lo que quieras. Si callas, callarás con amor; si gritas, gritarás con amor; si corriges, corregirás con amor, si perdonas, perdonarás con amor.
SAN AGUSTÍN.

Para Raimon Samsó, el amor es la energía más inteligente y creativa del universo, sin importar el modo en que se exprese. El amor es energía viva, es esa energía que tienes por condición humana, una energía que te anima a realizar actos de bondad, actos en los que puedes solucionar problemas y ayudar a personas. Entonces es cuando tu vida comienza a tener sentido y puedes empezar a disfrutar de ella.

Has venido a la vida a aprender a dar amor. En tus manos está la forma en que lo hagas. Puede ser transmitiendo tu talento, ayudando a los demás o siendo la inspiración para el cambio. De cualquiera de las maneras, el amor puede ser el centro de tu vida si tú lo deseas. Estoy seguro que ello te va a reportar grandes beneficios de todo tipo: sociales, físicos, psicológicos, económicos y espirituales.

2. INSPIRACIÓN PARA EL CAMBIO

Hay un blog en la web *levante-emv.com* que se llama «100 maneras de conectarse a la Fuente». Su autor, el gran periodista especializado en la inspiración para el cambio Arnau Benlloch, hace varias referencias al amor. Las más significativas son las número 20 (Haz el amor), 34 (Enamórate de ti), 50 (Elige el amor), 91(Haz lo que amas) y 99 (Aprender a amar). En la manera 50, «Elige el amor», hay un párrafo de suma belleza que, cada vez que lo leo, me conmueve sobremanera. Así escribe Arnau:

> *El amor es el estadio más elevado de la comunicación entre las personas. El amor sana, el amor acompaña, el verdadero amor hace que te fijes en esa mayoría de la humanidad que nos movemos por sentimientos de solidaridad, altruismo y bondad. No te dejes confundir. La humanidad, aunque enferma, tiene miríadas de guerreros de luz dispuestas a luchar con el lenguaje del amor que es la paz.*

Te recomiendo encarecidamente la lectura del citado blog, ya que Arnau, con su escritura se convierte en una verdadera inspiración. De las 100 maneras que se citan, hay de todo tipo: relacionadas con la confianza, el crecimiento personal, el autoconocimiento, las relaciones, la bondad, el agradecimiento, el perdón o la meditación. Todas ellas te van a hacer pensar, todas ellas te van a inspirar y de todas ellas vas a sacar un verdadero aprendizaje.

Lo primero que aclara Arnau es qué es para él la fuente: «es aquello de lo que todo brota, aquel manantial de vida que compartimos con todos los seres y con todo el universo. La fuente es aquello invisible que a todos nos une y nos hace ser lo mismo, aunque no seamos iguales».

El amor es la fuente para la verdadera inspiración, al menos para mí, aunque se trata de un término muy manido y tergiversado en ocasiones. Por ejemplo, todas las religiones se basan en el amor y lo proclaman: Dios es amor, Buda es amor, Alá es amor, el Tao proclama el amor, también el Hinduismo, el Confucionismo, el Shintoismo o el Judaismo. A pesar de que la mayoría de la humanidad pertenece a una religión que profesa el amor, todavía no hemos aprendido a amar. Como te he dicho antes, cuando no amas, vives desde el miedo y es cuando pierdes la esperanza, cuando te vuelves rígido y dejas de poner límites, cuando te vuelves impaciente, dejas de apoyarte en tus valores y dejas de creer en ti. Entonces recuerdas todo lo malo de tu pasado y comienzas a sufrir, ya no confías en nadie y te rindes, dejas que el victimismo se apodere de ti y te conviertes en lo que no quieres.

Superar el miedo

Solo hay dos formas de pasar por la vida: vivir desde el amor o vivir desde el miedo. Cuando te fijas en otra persona y la ves como una amenaza, estás viendo su miedo. Cuando alguien es agresivo, tiene miedo. Cuando intenta hacerte daño, tiene miedo. La única forma de disolver ese miedo es con amor, mirándolo desde el amor. Recuerdo que hace años, trabajando en la hostelería, aprendí que cuando algún cliente se mostraba grosero conmigo, lo mejor que podía hacer era poner mi cara más amable, tratarle con generosidad absoluta. Eso hacía que se apaciguara de tal forma que la actitud grosera desaparecía por completo. Te reto a que lo pruebes.

EJERCICIO. 95

Combate la grosería con amor. La próxima vez que una persona muestre una actitud grosera hacia ti, trátale lo mejor que puedas, mírale desde el amor. Piensa que es alguien que tiene miedo y compadécete de ella. Aunque sin llegar a ridiculizarla, sin sentirte superior, mirándola desde tu mismo nivel.

En su libro *Tu futuro es hoy,* Laura Chica y Francisco Alcaide hablan del miedo y dicen que «el miedo, cuando no se gestiona, lleva a la resignación, y la resignación a la frustración». Y es que, cuando sientes esa frustración, es difícil que puedas avanzar en tu vida. Para poder hacerlo tienes que aprender a superar ese miedo. ¿Y como se hace?, te preguntarás; pues afrontándolo. Si no te enfrentas a él, va a ser muy difícil que consigas superarlo. Si tienes miedo a hablar en público, habla en público. Si tienes miedo a realizar un cambio en tu vida, realízalo. Es la única manera en la que vas a poder traspasar esa barrera que no te deja avanzar. Estoy recordando un cuento que te puede ayudar mucho a entender esto.

> *En una ocasión, un león se acercó hasta un lago de aguas tranquilas para calmar su sed. Al acercarse a las mismas, vio su rostro reflejado en ellas y pensó: «¡Vaya! Este lago debe ser de ese león. Tengo que tener mucho cuidado con él». Atemorizado, se retiró de las aguas, aunque tenía tanta sed que regresó. Allí estaba otra vez el «león». ¿Qué podía hacer?*
>
> *La sed lo devoraba y no había otro lago cerca. Retrocedió. Unos minutos después volvió a intentarlo, y al ver al «león», abrió sus fauces amenazadoramente. Al comprobar que el otro «león» hacía lo mismo, sintió terror. Salió corriendo otra vez, pero ¡era tanta la sed!*
>
> *Lo intentó varias veces de nuevo, y siempre huía espantado. Como la sed era cada vez más intensa, tomó finalmente la decisión de beber agua del lago sucediera lo que sucediese. Así lo hizo. Y al meter la cabeza en las aguas, ¡el otro «león» desapareció!*

Resulta que la mayoría de nuestros miedos son imaginarios. Solo cuando los enfrentamos, desaparecen. No dejes que tu imaginación te descontrole y distorsione tu realidad, ni te pierdas en las creaciones de tu propia mente.

Ya sabes que tus sueños están justo detrás de tus miedos, y la única forma de vencerlos es enfrentándolos.

A continuación te presento algunas acciones que te pueden ayudar:

EJERCICIO 96

Cuestiona tus miedos

Hazte preguntas que pongan en evidencia a tus miedos, tales como: ¿De dónde viene este miedo? ¿Puede tratarse de un peligro real o es imaginario? ¿Cómo actuaría si no tuviese este miedo? ¿Cómo he actuado en otras ocasiones que he tenido miedo? Procura que sean preguntas abiertas, que te hagan pensar y respóndelas por escrito para ser más consciente de lo que respondes.

EJERCICIO 97

Busca la parte positiva

Todo lo que haces tiene una intención positiva, también tus miedos. Busca de qué te protege ese miedo o qué puedes aprender de él. A partir de ahí, busca centrarte en tu objetivo y dejar a un lado ese miedo que te está obstaculizando. En cierta ocasión, tenía que dar un discurso en el colegio de mi hijo, pues yo pertenecía a la asociación de padres y así me lo comunicaron. Nunca había hablado ante tanta gente (más de cien personas) y tenía miedo. Busqué de qué me estaba protegiendo y descubrí que no quería exponerme, no quería hacer el ridículo. Algo bastante lícito, pensé entonces. Después me pregunté: ¿Qué puedo aprender de ese miedo? Y me respondí que si conseguía pasar esos quince minutos que duraba mi intervención de la manera más óptima posible, podría, en un futuro, realizar alguna intervención en público de mayor duración y con mayor seguridad. Mi intención positiva era que me ayudase a conseguir confianza para próximas intervenciones. Y así ocurrió. No quiero decir con esto que resultase fácil; cuando subí al escenario estaba nervioso, claro que sí. Me puse delante del micrófono, respiré profundamente y comencé mi locución. Pensé que si me equivocaba o me quedaba en blanco, no pasaba nada, a mucha gente le ocurre. Eso me tranquilizó.

EJERCICIO 98

Fórmula para gestionar miedo
Chica y Alcaide, en *Tu futuro es hoy,* proponen una fórmula para gestionar tus miedos: OBSERVARTE + DARTE CUENTA + HACER. Cuando tienes un miedo, lo que quieres es cambiar algo, y no puedes cambiar eso si no haces lo que tienes que hacer, dándote cuenta antes de qué cambiar; y solo podrás verlo si te observas a ti mismo. La clave está, como en casi todo, en hacer. Si no tomas acción, no consigues casi nada. Retomando mi miedo a hablar en público, una de las cosas que me ayudó mucho fue practicar varias veces delante del espejo mi discurso, viendo mis reacciones y mi comunicación no verbal, fijándome en cómo me verían los demás y practicando.

EJERCICIO 99

Sé consciente de tu miedo y responsabilízate
Para superar ese miedo, deja de quejarte y aprende a responder ante el obstáculo que supone ese miedo. Fíjate en tus fortalezas para ello. Sé proactivo, actúa con la intención de ser responsable de todo lo que ocurra. En ocasiones, es más cómodo quejarte para que alguien te ayude, pero así no aprendes nada. Asume la responsabilidad y verás que tu miedo se desvanece.

EJERCICIO 100

Permítete sentir el miedo
Muchas veces, cuando dejas de huir del miedo y te permites sentirlo, te das cuenta que poco a poco se va diluyendo. El miedo te prepara para la huida y si le plantas cara y ha-

blas con él, diciéndole que sabes que es una invención de tu mente, se aparta a un lado y te permite seguir. La próxima vez que tengas miedo, obsérvalo, siéntelo, sé consciente del miedo, acéptalo como tal, comunícate con él y déjalo pasar.

EJERCICIO 101

Deja de alimentar tu miedo
Cuando alimentas tu miedo te pasas el día sufriendo. Fíjate en qué cosas haces para no hacer lo que tienes que hacer, cuando te instalas en la pereza o cuando no quieres salir de tu zona de comodidad, aunque ella solo te traiga sufrimiento. Si para no pedir algo que necesitas te escudas en tu miedo a exponerte, va a ser más difícil que lo consigas. Haz lo que tienes que hacer pensando en cómo lo harías si no tuvieses miedo.

Recuerdo un chiste que dice:

Había un perro que no paraba de lamentarse; estaba sentado junto a un hombre. Sus quejidos eran tan profundos que llamó la atención de una vecina.
—¿Qué le pasa al perro? —preguntó esta.
—Es que se ha sentado encima de un clavo —contestó el hombre
—Y ¿por qué no se levanta?
—Es que le duele como para quejarse, pero no tanto como para hacer el esfuerzo de levantarse".

Muchas veces, cuando tienes miedo de algo, piensas que lo mejor es no hacer nada y te dedicas a ver la televisión, te pasas la tarde en el bar, estás todo el día trabajando o metido en Internet navegando sin rumbo. Date cuenta de que con estas acciones, lo único que consigues es alimentar tu miedo y hacerlo más grande. Afronta de una vez tu miedo y ve en busca de lo que quieres.

3. APRENDER A AMAR

Para superar el miedo al amor tienes que aprender a amar. Amar sin esperar nada a cambio. Amarte a ti mismo sin reservas. Te darás cuenta que, en la vida, te pasas todo el tiempo aprendiendo a amar. Nunca llegas a saber del todo cómo amar. Piensa que si de niño no te han enseñado a amar, es muy difícil que sepas amarte o dar amor.

Hace unos días asistí a un taller para fortalecer la relación de pareja. Formaba parte de una serie de talleres, concretamente siete, cuyo título era «Juntos aprendiendo a amar». La formadora era la maravillosa Pilar Colomer, *coach* y terapeuta integrativa que imparte sus talleres en Valencia. En el citado taller, Pilar comentó las claves más importante para vivir solo o en pareja, y son las que siguen:

Claves para vivir solo:
- Descúbrete.
- Disfrútate.
- Ámate.
- Ten intimidad contigo.

Claves para vivir en pareja:
- Descúbrela.
- Disfrútala.
- Ámala.
- Ten intimidad con ella.

Así de sencillo. Y es que el amor es algo sencillo, que muchas veces lo complicamos. Pilar nos argumentó que para fijar las bases de una buena relación de pareja, lo más básico era establecer un vínculo, respetar al otro, buena comunicación (aquí matizó que la no comunicación también es una agresión) y compartir creencias y valores.

Puedo asegurarte que mi relación de pareja salió fortalecida del taller y que fui consciente de todo el amor que recibo por parte de mi mujer. Aquí quiero destacar la importancia de asistir a formaciones en las que te enseñen a aprender a vivir: como dice Pilar, «a amar se aprende amando». Yo mismo, al pensar que mi relación de pareja es buena, todo lo que ha llegado a mí sobre la pareja lo he dado por sabido y no le he prestado atención. Sin embargo, al asistir a un taller de estas características fui consciente de cosas que me ayudaron a aprender a amar mejor a mi pareja.

A continuación quiero que leas unas líneas de Arnau Benlloch, extraídas de sus «100 maneras de conectarse a la fuente»:

> *En la sociedad egotista que hemos creado, amar se ha convertido en una tarea heroica a la que solo unos escogidos están llamados. Me consta que las personas que han alcanzado a vivir desde esa perspectiva se han marchado de este mundo en paz, sintiendo que han cumplido su misión en la vida.*

Para aprender a amar tienes que buscar dentro de ti y no fuera, tienes que conseguir establecer contacto con tu interior mediante el autoconocimiento, confiar en la vida y conectar con la fuente en la que tú crees, para que no deje pasar al miedo. Porque donde hay miedo no hay amor, y al contrario. Todo lo que hacemos en la vida lo hacemos basándonos en el amor o en el miedo. El amor es un estado, es una forma de ser. Si eres amor, estás abierto a la vida; si eres amor, confías en la vida.

Los niños nacen sin miedo, sin creencias que los condicionen. Únicamente hay dos miedos innatos: a los ruidos inesperados y a caerse, como se puede comprobar con el Reflejo de Moro. Incluso el miedo a la muerte, que es uno de los miedos más comunes en los seres humanos, es aprendido. Cuando nacemos somos puros, nuestra mente es una hoja en blanco, como ya apuntaba el empirismo con la teoría de John Locke. Todos los miedos son aprendidos tal como se aprenden y consolidan las creencias. Te enseñaron a aferrarte a la vida y que la muerte es algo malo. Si te han enseñado que los perros son malos y te pueden morder, porque a tu padre le dan miedo los perros, te aseguro que tú les tendrás miedo. Tus padres te han transmitido la mayoría de tus miedos para protegerte, ya que pensaban que era lo mejor para ti y lo hacían lo mejor que sabían.

Si cuando es pequeño le enseñas a tu hijo a confiar, a no tener miedo, a subirse a un árbol, a escalar una montaña, a nadar en el mar, a correr por un bosque en la oscuridad, a vivir la aventura de la naturaleza, a que experimente por él mismo todas las maravillas de la vida, en lugar de darle creencias que le limiten y le hagan encerrarse en él mismo, le estarás dando amor y enseñando a ser amoroso, a amar a la vida y a las personas. Cuando un niño aprende a confiar en las personas y en la vida no deja lugar para el miedo y vive con más energía, con la energía vital del amor.

Te voy a mostrar unos pasos para mejorar en el arte de amar:

EJERCICIO 102

Cuestiona tu amor
Reflexiona sobre la manera en la que te amas, pregúntate de qué manera te estás amando, mira hacia tu interior y dite: ¿Cómo me amo? ¿Cuánto me amo? ¿Cómo doy mi amor? Es posible que estés tan preocupado por dar amor que te has olvidado de ti, o quizás pienses que te amas tanto que se te ha olvidado amar a tu pareja.

EJERCICIO 103

Elimina tus resistencias al amor
Antes de nada debes identificarlas. ¿Cuáles son esas resistencias que no te permiten amar? Una vez identificadas,

acéptalas, deja de resistirte. Piensa que todo ocurre por alguna razón, que debes buscar el motivo y encontrar la solución. Aceptación ante la resistencia.

EJERCICIO 104

Aprende que para ser amado, antes has de amar

Hay personas que no aman porque no se sienten amadas. Para poder ser amado, antes has de dar amor. Si quieres que te amen, ama tú primero. Tienes una capacidad ilimitada para amar, aprovéchala. Alguien me dijo una vez: si quieres que tu pareja te escuche, escúchala tú; si quieres que tu pareja confíe en ti, confía tú en ella; si quieres que tu pareja te ame, ámala tú primero. Según Alejandro Jodorowsky, el verdadero amor es el que profesas a una pareja a la que no tienes nada que agregar y nada que quitar. No quieras cambiar a nadie con la excusa de que le amas. Ámale primero y luego espera que te llegue el amor.

EJERCICIO 105

Deja de juzgar el amor

El amor no se juzga; si amas de verdad no puedes juzgar. Seguro que una de tus creencias es que hay que juzgar a los demás, quizás te enseñaron de pequeño a emitir juicios hacia otros. El verdadero amor es la aceptación del otro tal como es, sin querer cambiarlo. Deja de evaluar a los demás, deja de juzgarlos y condenarlos por ser como son. Es el juicio lo que hace que no veas en el otro el amor. Si al mirar al otro buscas amor, encontrarás amor; si buscas amenaza o miedo, eso es lo que encontrarás. Con la próxima persona que te encuentres, busca ver sin juzgar. Acéptala tal como es y busca comprenderla desde el amor. Serás consciente del cambio que supone. En su libro *Tú eres yo*, Marta Salvat lo aclara de una forma muy sencilla: «Tan rápido tomo consciencia de los juicios que hago hacia el exterior, tan rápido se disuelven. Cuando libero al otro del rol al que lo había sometido, este se relaja y deja de actuar así. Y si sigue en este parámetro, a mí ya no me va a afectar».

EJERCICIO 106

Cuida el amor
Pienso que el amor hay que trabajarlo y cuidarlo para mantenerlo, sobre todo el amor de pareja. Para ello, ten la voluntad de cuidar los pequeños detalles: no herir los sentimientos del otro; mantener una buena sexualidad (no solo me refiero al coito, sino también a las caricias, a esas miradas de complicidad, a los besos inesperados); compartir los mismos valores, o mantener el compromiso de elaborar un proyecto de futuro. Crecer juntos en el amor.

Amar es darlo todo

Como habrás podido comprobar, soy muy fan de los cuentos y tengo varios libros de cuentos que releo en ocasiones. El que más me gusta es *Cuentos con alma,* de Rosario Gómez. Se trata de un libro que me recomendó mi amiga Paz Buraglia y a la cual le estoy muy agradecido. En el citado libro hay cuentos muy diversos y todos tienen algo que te llega al corazón. En estos días he visto un vídeo en Facebook que me ha recordado a uno de los cuentos. Lo he buscado y casualmente, es el mismo al que hace referencia el citado vídeo. Te lo voy a contar.

> *Un hombre estaba tras el mostrador, mirando a la calle distraído. Una niña se aproximó a la tienda y apretó su nariz contra el vidrio del escaparate. Los ojos del color del cielo le brillaban cuando vio un determinado objeto. Entró en la tienda y pidió ver el collar de turquesa azul.*
> *—Es para mi hermana. ¿Puede hacer un paquete bien bonito? —dijo la niña.*

El dueño de la tiendo miró desconfiado a la niña, y le preguntó:
—¿Cuánto dinero tienes?
Sin dudar, sacó del bolsillo un pañuelo atado y fue deshaciendo los nudos. Colocó el dinero sobre el mostrador, y dijo feliz:
—¿Esto alcanza? —Eran apenas algunas monedas las que exhibía orgullosa—. ¿Sabe? Quiero dar este regalo a mi hermana mayor. Desde que murió nuestra madre, ella cuida de nosotros y no tiene tiempo para ella. Es su cumpleaños y estoy segura que estará feliz con el collar, que es del color de sus ojos.
El hombre fue hacia la trastienda, colocó el collar en un estuche, lo envolvió con un vistoso papel rojo e hizo un trabajoso lazo con una cinta verde.
—Toma —le dijo a la niña—. Llévalo con cuidado.
Ella salió feliz, corriendo calle abajo.
Aún no acabó el día cuando una linda joven entró en la tienda. Colocó sobre el mostrador el ya conocido envoltorio deshecho, e indagó:
—¿Este collar fue comprado aquí? ¿Cuánto costó?
—¡Ah! —habló el dueño de la tienda—. El precio de cualquier producto de mi tienda es siempre un asunto confidencial entre el vendedor y el cliente.
La joven exclamó:
—Pero mi hermana tenía solamente algunas monedas. El collar es auténtico, ¿no? Ella no tendría dinero para pagarlo.
El hombre tomó el estuche, lo envolvió de nuevo con extremo cariño, colocó la cinta y lo devolvió a la joven. Le dijo:
—Ella pago el precio más alto que cualquier persona puede pagar: ELLA DIO TODO LO QUE TENÍA.
El silencio envolvió la pequeña tienda, y dos lágrimas rodaron por la faz emocionada de la joven en cuanto sus manos tomaban el pequeño envoltorio.

El verdadero amor es darlo todo por el otro sin esperar nada a cambio, sin reservas. Generando desequilibrios positivos en la vida. Lo doy todo y ahí lo dejo, no pido nada a cambio. El agradecimiento que siente el que ama no tiene límites. Cuando agrade-

ces cada cosa que hacen por ti, se establece un vínculo amoroso con la otra persona. Y es tan gratificante para el dador como para el receptor.

Marianne Williamson, en su libro *Volver al amor*, explica cómo la vida entregada al amor es un proceso de vaciar la mente para dejar espacio a todo lo bueno que te va a llegar. Si te despreocupas y te dedicas a amar, es cuando te conviertes en alguien realmente brillante, porque dejas que brille tu luz. No te fijas en esa parte tuya que todavía ves como negativa, te centras en tus talentos, en tus fortalezas. Dejas de pelearte con el mundo para empezar a amarlo y te sientes liberado. Así lo explica la autora:

> *Cuando nos entregamos y nos limitamos a amar, sucede algo sorprendente. Nos introducimos en otro mundo, en un ámbito de poder que está ya dentro de nosotros. El mundo cambia cuando nosotros cambiamos, se ablanda cuando nos ablandamos, nos ama cuando nos decidimos a amarlo.*

Como te he comentado antes, cuando cambias tu forma de mirar las cosas, las cosas que miras cambian y cuando cambias tu manera de enfocar las cosas y las miras desde los ojos del amor, todo es diferente, todo cambia. Cuando lo das todo por amor mediante la entrega, aprendes que tú también mereces amor y ello te lleva a amar más profundamente.

Focaliza el amor

Me gusta mucho la metáfora de que la vida es como una cámara fotográfica. Tienes que enfocarte en lo más importante, capturar buenos momentos, sacar de lo negativo un aprendizaje revelado (positivo), y si las cosas no salen como deseabas, realiza una nueva fotografía. Yo quiero añadir que cuando te dispones a utilizar la cámara, la cantidad de luz de la fotografía está determinada por el grado de abertura del objetivo en el momento de tomar la foto. Ese foco, la mayoría de las veces lo tienes constreñido y debes liberarlo para que entre la luz y así realizar una buena instantánea. En tu vida, ese foco es el amor, que cuando lo tienes cerrado, no dejas que entre luz y es muy difícil poder tener buenas relaciones o aportar algo positivo a la sociedad. Si eres capaz de abrir el objetivo, de abrirte al amor, vas a conseguir que la luz te haga brillar y cuando tú brillas, eres capaz de hacer brillar a los demás, eres capaz de enfocar con tu objetivo a todo aquello que miras. Mirando desde el amor. Viviendo desde el amor.

Cuando tienes pensamientos positivos, generas una actitud positiva que te lleva a confiar en la vida, y esto hace que empieces a vivir desde el amor. Y cuando vives desde el amor, produces más pensamientos positivos que te llevan a mantener una buena actitud para provocar una mayor confianza en los demás y seguir viviendo desde el amor. Así, este proceso se convierte en un bucle repetitivo entre estos cuatro elementos: pensamientos, actitud, confianza y amor.

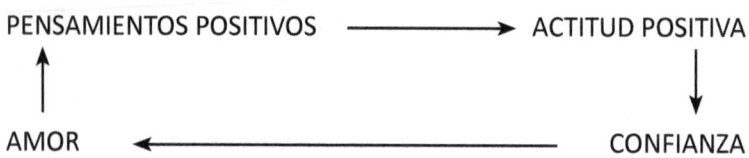

Amor auténtico

El amor auténtico, el amor ideal, el amor del alma;
es el que solo desea la felicidad de la persona amada
sin exigirle en pago nuestra propia felicidad.
JACINTO BENAVENTE

Un libro que me gusta mucho es el de la Madre Teresa de Calcuta, *La alegría de darse a los demás*. No es que la Madre Teresa escribiese libros, sino que algunos seguidores y colaboradores de ella se dedicaron a recopilar sus enseñanzas y oraciones para configurar el citado libro. En él hay múltiples referencias al amor. Amor al prójimo, a los pobres, a Dios, a sus hermanas (las misioneras de la Caridad), a la humanidad... Referencias a la entrega a los demás, a la generosidad, a la oración, a Jesús...

Uno de los párrafos que más me llenan es el que se refiere al amor al prójimo, y dice así:

> *A la hora de la muerte, cuando nos encontremos cara a cara con Dios, seremos juzgados de amor: sobre cuánto hemos amado.*
> *No sobre cuánto hemos realizado sino sobre cuánto amor hemos puesto en lo que hemos hecho.*
> *Para que el amor sea auténtico, tiene que ser ante todo por mi prójimo.*
> *El amor a mi prójimo me llevará al verdadero amor de Dios.*
> *Lo que tanto las hermanas como los hermanos y colaboradores tratan de hacer por todo el mundo, es poner ese amor de Dios en amorosa acción.*

Para mí, que creo en Dios, es una verdad absoluta. Si crees en Dios, imagino que para ti también. Si no crees, puede que no concibas lo del «juicio de amor» por parte de Dios, aunque sí que puedes estar seguro que lo que te llevarás el día de tu muerte, es todo el amor que hayas sido capaz de dar y todo el amor que te hayan profesado.

Hay una anécdota que le ocurrió a la Madre Teresa que inspira mucho amor. Cuenta la Madre Teresa que una vez estando en Melbourne, fue a visitar a un pobre anciano cuya existencia era ignorada por todos. Vivía en una habitación desordenada y sucia. La Madre Teresa insistió en limpiarla y pese a su oposición, consiguió hacerlo. En la habitación había una bonita lámpara cubierta de polvo y la Madre Teresa le preguntó por qué no la encendía, a lo que contestó el anciano que para qué, si nadie iba a verlo. La Madre le preguntó si la encendería si las Hermanas le fueran a visitar, a lo que él contestó que sí, que con tal de escuchar una voz humana la encendería. Pasados unos días, la Madre Teresa recibió una nota que decía: «Dile a mi amiga que la lámpara que prendió en mi vida sigue encendida».

Este anciano pobre no ansiaba dinero, se conformaba con oír una voz humana, con que fuesen a visitarlo una vez a la semana. Buscaba un poco de amor, del amor auténtico que se consigue haciendo compañía. Ese amor que no busca nada y lo da todo. El amor incondicional, por querer ayudar y contribuir al bienestar de los demás. El que implica servicio. La expresión de este amor no es solo una actitud que muestras ante alguien, sino una acción que realizas.

Practicar el verdadero amor supone que no renuncies a tus principios, a tus valores. Supone que actúes de la manera que quieres hacerlo sin importarte lo que piensen o digan los demás. Que tengas la personalidad necesaria para no dejarte llevar por la opinión de otros y actúes viviendo desde el amor. Todo esto lo expone muy bien la Madre Teresa de Calcuta en el siguiente texto:

Muchas veces la gente es poco razonable, ilógica y egocéntrica. Perdónalos igualmente.
Si eres amable, la gente puede acusarte de tener motivos egoístas ocultos. Sé amable igualmente.
Si eres una persona de éxito, te ganarás algunos amigos falsos y algunos enemigos de verdad. Ten éxito igualmente.
Si eres honesto y sincero, puede que la gente te engañe. Sé honesto y sincero igualmente.
Puede que alguien destruya en un momento lo que te ha costado años construir. Construye igualmente.
Si encuentras la serenidad y la felicidad, puede que tengan celos. Sé feliz igualmente.
El bien que hoy hagas mucha gente lo olvidará mañana. Haz el bien igualmente.

Dale al mundo lo mejor que tengas, y puede que nunca sea suficiente. Dale al mundo lo mejor que tengas igualmente.
En el análisis final es todo entre tú y Dios, no entre tú y ellos, con lo que,
Igualmente.

Actúa como creas que debes actuar, no te fijes en nada ni en nadie. Si es para hacer el bien, todo te irá bien; si amas, tendrás amor; si sufres, tendrás sufrimiento; si tienes miedo, más miedo llegará a tu vida; si actúas con bondad, recibirás bondad, y si te muestras confiado, más confianza obtendrás. Es la Ley de la Causa y el Efecto: lo que recibes en la vida, tanto si te gusta como si no, es el efecto de lo que has causado.

4. LEY DE LA CAUSA Y EL EFECTO

En su libro *Vivir con abundancia*, Sergio Fernández te enseña cómo aplicar esta ley para crear abundancia. He podido comprobar que estos principios se pueden aplicar a todo lo que quieras atraer a tu vida. Hablando de amor, o mejor dicho, de vivir desde el amor, también se cumple esta ley. Te lo voy a mostrar:

- Toma conciencia

    Se trata de que tomes decisiones estando presente y aplicando la totalidad de tu conciencia a cada momento de tu vida, para ser capaz de establecer la relación entre el resultado que has obtenido y la posible causa que lo originó. Tomar conciencia significa estar presente, aquí y ahora, prestar atención a tu cuerpo y a cómo te sientes cuando vas a tomar la decisión. Fíjate en cada cosa que haces, por pequeña que sea, en cómo actúas ante determinados estímulos. Pon en marcha la atención plena para vivir desde el amor.

- Pregúntate por las consecuencias
    Antes de tomar una decisión, hazte la siguiente pregunta: ¿Qué posibles consecuencias podría tener esta acción? Puedes valorar los pros y los contras de la decisión, y cuando lo hagas asiduamente, te será más fácil de realizar. Otra pregunta muy potente es la que te propone Sergio Fernández: ¿Cuál será el efecto de adoptar esta decisión en mi vida, en otras personas y en el conjunto del planeta?

- Observa tus emociones
    Escuchar tus emociones te ayudará a tomar la mejor decisión para vivir desde el amor. Para ello, antes de tomar una decisión quédate solo, respira hondo y sigue a tu intuición, confía en ella, es tu mejor consejera. Tus emociones te ayudan dándote la información que necesitas para vivir de la forma que tú elijas.

Ahora ya lo sabes, antes de tomar decisiones, apártate en silencio, toma conciencia, realiza las preguntas oportunas y observa tus emociones. Muy importante, antes de esto olvídate de todo lo que digan o piensen de ti los demás. Lo que tienes que hacer, si quieres conseguir lograr algo, es tomar conciencia de todas las decisiones que tomas y fijarte en las causas para entender los efectos. Estar presente y tomar decisiones desde el amor.

Esta misma ley es la que tiene como consecuencia el efecto *boomerang* al que he hecho referencia antes. El efecto que tiene en los demás las acciones que realizas puede tener un resultado inmediato en ti mismo. Creer en el efecto *boomerang*, en que todo lo que hagas va a volver a ti, solo puede tener sentido si das sin esperar nada a cambio. Tu actitud determina el resultado de tus acciones.

Según Deepak Chopra, «todo lo que te pasa en el presente es lo que has creado en el pasado, y todo lo que creas en el presente en lo que te pasará en el futuro». El Dalai Lama, por otra parte, dice: «Esperar algo a cambio de tus acciones es como hacer un negocio».

El planteamiento que hagas del efecto *boomerang* no ha de tener un carácter mercantilista, simplemente es un efecto que se da sin más debido a las características de bondad y agradecimiento que posees como persona. No debes olvidar que eres un ser interdependiente, que formas parte de una sociedad en la que lo colectivo debe primar sobre el individualismo.

Te puede servir pensar que todos los actos que realices van a tener consecuencias en tu entorno y que en tus manos está la posibilidad de hacer que para otra persona sea un día agradable, normal, o hacer que tenga un día pésimo, como has podido ver anteriormente en «el poder del camarero».

Hay un cuento muy corto y gráfico de Juan Guerra Cáceres que dice así:

Dicen que la tierra le preguntó cierto día a un grano de trigo:
—¿Dónde te sientes más dichoso, en la espiga, en el granero o en mi seno, dando origen a una nueva planta?
La respuesta del grano bien merece ser colocada en la pared principal de todas las escuelas del mundo:
—Lo que verdaderamente me importa es servir fielmente a la vida y alcanzar la máxima expresión que ella concibió en mí. Por eso, sea cual fuere el lugar en que me halle, me siento satisfecho y feliz: ahí está mi paraíso.

Lo fundamental en la vida es sentirte útil en el momento que estás y buscar ser feliz con lo que estás haciendo. La vida siempre te dará lo que estés dispuesto a recibir. Has de ser capaz de servir a la vida para alcanzar tu máxima expresión. Como dice la Madre Teresa de Calcuta, «el que no vive para servir, no sirve para vivir».

La experiencia de Fluir

Estoy seguro de que en alguna ocasión has experimentado uno de esos momentos en los que te sientes poseído por un profundo sentimiento de gozo creativo, un momento de concentración activa, de absorción total en lo que estás haciendo; ese momento en el que notas que se detiene el tiempo, o que pasa tan deprisa que no te das cuenta; uno de esos momentos en los que notas que estás viviendo desde el amor.

Se trata de lo que Mihaly Csikszentmihalyi describe como «estados de experiencia óptima» y que describe con gran maestría en su libro *Flow, Fluir* en su edición en castellano, y cuyo subtítulo es «Una psicología de la felicidad».

Este estado de flujo representa un pico de autorregulación, el punto de aprovechamiento máximo de las emociones al servicio del rendimiento o el aprendizaje. Cuando experimentas este estado, eres capaz de canalizar tus emociones positivas con el fin de realizar una tarea con energía. Es un estado de mucha concentración, en el que sientes una alegría espontanea.

Algunas de las características de esta experiencia de flujo son: concentración muy intensa e inalterable, ágil flexibilidad para reaccionar ante nuevos problemas, máximo rendimiento de tus capacidades y una sensación de placer, de máxima felicidad que deriva de la actividad que estás realizando en ese momento.

Alcanzar la experiencia de flujo te permite aprovechar al máximo tu talento. Existen algunas formas de llegar a ella como ajustar la demanda para adaptarla a tu capacidad: si no estás muy motivado, tienes que aumentar la dificultad para que el trabajo te resulte más interesante; si estás agobiado, tienes que reducir la demanda. Otra forma es practicar asiduamente las habilidades que necesites para que estas sean más óptimas, y es fundamental mejorar la capacidad de concentración y atención.

Una excelente estrategia para aumentar las posibilidades de entrar en fase de flujo es practicar a diario algún método para mejorar la concentración y la relajación. No se trata de realizar sesiones de meditación, que también pueden resultar muy positivas, sino de realizar cualquier actividad que suponga para ti relajación: puede ser salir a pasear por el campo, sacar al perro, jugar con los niños, sentarte a leer una novela, todo aquello que te tranquilice y haga que estés en las condiciones idóneas para conseguir concentrarte.

Lo fundamental para aumentar tu concentración es dirigir la atención a un asunto determinado, que puedes llamarle 1, y cuando tu mente se distraiga hacia otro asunto, el 2, o el 3, 4 o 5 y te des cuenta, tienes que hacerla volver al 1. Cada vez que rediriges tu mente distraída hacia un estado de atención, estás ejercitando tu concentración y fortaleciendo tu atención.

La experiencia de flujo, en definitiva, sería aquella que logra hacerte disfrutar de situaciones que otros encontrarían insufribles y saber convertir condiciones objetivamente adversas en experiencias subjetivas agradables. Las personas que cuentan con la autoconfianza necesaria para poder concentrar la energía psíquica en algo diferente de uno mismo y tienen la libertad para observar y analizar el entorno, descubren en él nuevos retos para la acción.

Para mí, vivir desde el amor es tener esa experiencia de flujo. Cuando consigo ver amor en todo lo que me rodea, noto que todo fluye y disfruto con cada situación que me acontece.

5. EMOCIONES POSITIVAS Y AMOR

La ya mencionada profesora de Psicología Barbara Fredrickson, es la creadora de la Teoría de la Ampliación y Construcción de las emociones positivas.

Se trata de un ciclo secuencial que completa tres estados o fases que se van relacionando:

- *Ampliación*: Las emociones positivas amplían las tendencias de pensamiento y acción.
- *Construcción*: Debido a la ampliación, se favorece la construcción de recursos personales para afrontar situaciones difíciles.
- *Transformación*: Esta construcción produce la transformación de la persona, que se torna más creativa, muestra un conocimiento más profundo de las situaciones, es más resistente a las dificultades y se muestra socialmente más integrada, con lo que llega a una espiral ascendente que le hace mostrar más emociones positivas.

Las emociones positivas te ayudan a que puedas construir recursos personales para conseguir afrontar una situación complicada, sabiendo escoger la opción más creativa.

A continuación te voy a describir las diez emociones positivas que la profesora Fredrickson ha estudiado no solo a través de la observación, sino también a través de investigación científica y que tienen un efecto directo en tu bienestar:

- **Alegría**: Es una de las emociones más importantes, ya has podido leer los beneficios de la risa. La alegría hace que se fortalezca tu sistema inmunológico y te protege de las preocupaciones. Sentirte alegre eleva la secreción de endorfinas que tienen propiedades analgésicas, y son fundamentales para la buena salud.
- **Gratitu** : La gratitud y sus beneficios es otra de las emociones que has podido leer en este libro. Como dijo Lao Tse, «el agradecimiento es la memoria del corazón».
- **Serenidad**: La serenidad te hace saber mantener un estado apacible y sosegado cuando te enfrentas a una situación complicada. Te puede hacer tener una mayor claridad mental y una forma más creativa de pensar.
- **Interés**: Mediante esta emoción, sientes las ganas de explorar e investigar las cosas. Te hace abrir nuevos horizontes y buscar nuevos retos para fortalecer tus habilidades.

- **Esperanza**: Es otra emoción que has visto anteriormente. Es la que te da energía para pensar que todo va a salir como tú quieres. Cuando tienes esperanza obtienes mejores resultados en lo que haces y te ayuda a estar más motivado.
- **Orgullo**: El orgullo demostrado en exceso está muy cerca de convertirse en soberbia, y cuando te muestras muy presuntuoso, te pueden decir que eres muy orgulloso. Por otro lado, cuando consigues superar un reto con esfuerzo o has realizado un buen trabajo, te invade una emoción placentera que le llamas orgullo. Ese es el orgullo sano que contribuye a tu bienestar, siempre que lo combines con cierta humildad. Cuando te sientes orgulloso, no te das por vencido y persistes al enfrentarte a una tarea difícil.

Aquí te propongo un nuevo ejercicio que aprendí de la *coach* Raquel Davó:

EJERCICIO 107

Recoger joyas

1. Escribe alguna experiencia que recuerdes que te haga sentir orgulloso o satisfecho.
2. Identifica los aspectos positivos que tenía esa experiencia.
 ¿Qué la hizo posible?
 ¿Qué valor destacas?
 ¿Cuál era la fortaleza o capacidad que estaba presente en esa vivencia?

Se trata de un ejercicio para pensar en tus anteriores éxitos y que te ayude a conseguir nuevos objetivos.

- **Diversión**: Es una emoción necesaria que aporta interacciones y relaciones sociales. Implica el impulso de la risa y compartir la jovialidad con otros.

- **Inspiración**: Cautiva tu atención, reconforta tu corazón y te involucra. Crea el impulso de dar lo mejor de ti mismo. Activa tu creatividad.
- **Asombro**: Es una inspiración abrumadora, lo puedes sentir manteniendo contacto con la naturaleza o creando conciencia plena en tu vida. También, observando la belleza de las cosas.
- **Amor**: Para Bárbara Fredrickson, es la integración de todas las emociones positivas anteriores. El contexto en el que se dan estas emociones transforma todas las formas de positividad en amor. La positividad amplía tu mente y expande tu campo de posibilidades, además de ofrecerte un nuevo panorama para enfrentar la vida.

El perdón

El perdón, como tal, es un valor humano y está muy relacionado con las emociones positivas. Te puede servir como ofensor para liberarte de la culpa y como ofendido, para liberarte de los sentimientos de rencor. Perdonar no significa condonar el comportamiento del otro; el acto de perdonar sucede en tu mente y no tiene nada que ver con la otra persona. La realidad del perdón consiste en liberarte a ti mismo de estar enganchado al dolor, al resentimiento o a esos pensamientos negativos del pasado que no te dejan avanzar. Cuando te sientes incapacitado para valorar y disfrutar los momentos agradables que viviste en el pasado y tiendes a dar más importancia a los desagradables, te sientes vacío, alejándote de la serenidad, la felicidad y la satisfacción personal.

Desde la Psicología positiva te propongo dos métodos para invertir ese proceso, basados en la gratitud y el perdón:

La gratitud contribuye a un incremento del disfrute de los recuerdos buenos del pasado y a valorarlos positivamente. Consigue amplificar los sentimientos vividos en los momentos pasados, transformándose la intensidad, la frecuencia y la forma de nombrarlos desde tu pensamiento. De la gratitud ya te he hablado antes suficientemente, voy a centrarme en el perdón.

El perdón contribuye a disminuir lo triste de los hechos negativos que te han sucedido. Con él, consigues no cambiar el recuerdo pero sí el dolor que te produce. Cuando perdonas a alguien, consigues que la tristeza pase a convertirse en neutralidad, incluso en algo positivo. Si eres capaz de reconciliarte con el recuerdo de la persona que te ha causado un daño, obtendrás una mayor satisfacción vital. Sobre todo puedes conseguir evadirte de emociones tan negativas como la ira, el resentimiento o la necesidad de venganza. Cuando perdonas, tus cogniciones, sentimientos y actuaciones hacia el ofensor son mucho más positivos, manteniendo una actitud de cambio en las actitudes y motivaciones hacia lo que te ha ofendido.

Durante mis sesiones de *coaching*, en ocasiones utilizo alguno de estos métodos según las necesidades de mi *coachee*. Si considero que es un ejercicio de gratitud lo que necesita hacer el cliente, le pido que piense en una persona a la que no le ha mostrado su gratitud tras un favor o una dedicación continuada hacia él. Seguidamente, le propongo escribir una carta en la que detalle todos los sentimientos de gratitud hacia esa persona, para finalizar entregándosela y leyéndola en su presencia.

Resulta ser un buen ejercicio en el que tanto la persona gratificada como la gratificante reciben un profundo reconocimiento mutuo, se establecen lazos de amistad más fuertes, se generan emociones positivas y se elevan los niveles de bienestar.

Por otro lado, hay *coachees* que vienen a la sesión con mucho resentimiento hacia alguna persona que los ha agraviado, que se enfurecen al recordar los hechos, mostrando ira en sus rostros. A estos otros les ofrezco la posibilidad de escribir una carta en la que perdonan a la persona causante de la afrenta. Ni qué decir tiene que la mayoría se niegan rotundamente en primera instancia. Cuando les hablo de los beneficios positivos que puede tener el perdón para ellos mismos, es cuando algunos acceden a realizar el ejercicio.

EJERCICIO 108

Carta de perdón

Este ejercicio consiste en escribir una carta en la que muestras tus sentimientos en el momento en el que se produjo la ofensa, detallando todos los pormenores que tuvieron lugar y el motivo por el que te sentiste agraviado, para finalizar con una declaración de perdón. Esta carta, evidentemente, no es para mostrársela al causante de la ofensa, que seguramente ignora que exista como tal. Simplemente es un ejercicio para descargar todo el resentimiento acumulado, plasmándolo por escrito.

Es increíble el poder terapéutico que tiene este ejercicio. Te animo a probarlo.

CONCLUSIONES

He hablado de la importancia del amor en la vida y quiero dejar claro que el concepto de amor al que yo hago alusión es un concepto muy amplio. No es solo el enamoramiento, que también es una forma de amor, ni el amor fraternal o conyugal, ni es el amor propio, ni el amor al prójimo o el amor filial, ni el amor fatuo, como nos cuenta Stenberg en su teoría triangular; ni siquiera es solo el amor social, sino todos y cada uno de los diferentes tipos de amor que puedas imaginar. Se trata de un amor donde tienen cabida todas las formas de amor que se puedan nombrar (ya sabes que lo que no se nombra no existe).

Si realizas una encuesta en la que preguntas los diferentes tipos de amor que cada persona conoce, estoy seguro de que registrarás un gran número de ellos. La psicología ya se ha encargado de hacerlo y te voy a mostrar uno de los estudios que ha investigado sobre el amor.

Los profesores de psicología de la Universidad de Winnipeg, en Canadá, Beverly Fehr y James Russell, realizaron conjuntamente un estudio en 1991 en el que pidieron a una serie de participantes que redactaran una lista con todas las clases de amor que se les ocurriese. Con este estudio, los psicólogos conformaron una lista con 93 tipos de amor. Más tarde pasaron la citada lista a otros sujetos para que cuestionaran los diferentes prototipos de amor que se describían en la lista. Concretamente se les preguntó en qué grado pensaban que representaba, cada uno de los tipos, la verdadera esencia del amor.

Los resultados fueron que el amor más prototípico designado por los participantes fue el amor maternal. A este le siguieron, por orden de prioridad, el amor parental, la amistad, el amor fraternal, el romántico, el apasionado, el sexual o el amor platónico.

Como ves, en una encuesta te puedes encontrar hasta 93 tipos de amor. El amor que yo quiero describir en este libro es un amor mucho más grande, un amor en su esencia, que abarque todas las formas y tipos posibles de amor. Para mí, vivir desde el amor es vivir cada día viendo amor en todas sus diferentes facetas, en todo lo que hago, en todo lo que veo o escucho, en todas las formas de transitar por la vida, en todas las personas, con independencia de diferencias de sexo, cultura o religión, con independencia de ideologías políticas o étnicas. Viviendo desde el amor desaparecen las diferencias.

Si te pregunto qué es para ti el amor, seguro que tienes una definición en función de tus experiencias vividas, y seguro que cada persona tendría una diferente, aunque similar en el fondo. El amor va seguido o incluye otras emociones o sentimientos tales como sentirse amado, apasionado, cuidado, respetado, etc.

Te recomiendo un libro en el que puedes ver un listado, o minidiccionario emocional. Se trata del *e-book* de Fiona Tucker *Emotions Matter*, o su traducion al castellano *Las emociones importan*. En el citado listado puedes encontrar un total de 227 emociones. Fiona comenta que existen alrededor de 2000 palabras que describen emociones.

Fiona escribe que todas las personas tenemos unas necesidades emocionales básicas, y en este sentido, comenta que todas las emociones tienen una intención positiva, incluso cuando el resultado es negativo, ya que esto ocurre para que aprendamos a actuar en consecuencia. Las seis necesidades emocionales básicas que propone en *Las emociones importan* son: sensación de seguridad, relevancia, propósito, conexión, crecimiento y asombro.

Para mí, todas ellas están relacionadas con el amor: necesitas sentirte seguro para mantener buena salud emocional; necesitas ser relevante para otras personas y así que te tengan en cuenta, necesitas tener un propósito para saber que contribuyes a los demás; necesitas estar conectado para sentirte valorado y querido; necesitas crecer para seguir aprendiendo y contribuyendo a la sociedad, y necesitas tener cierta capacidad de asombro para mirar siempre hacia el futuro viviendo en el presente.

Si son importantes las emociones, no lo son menos los pensamientos que tienes cada día. Con tus pensamientos conformas tu realidad y creas tu vida. Si eliges pensar cosas felices, tendrás más felicidad. Manteniendo siempre pensamientos de positividad y optimismo conseguirás mejorar tu vida. No malgastes tus pensamientos. Lo que elijas pensar es lo que tendrás en tu vida. Si tienes pensamientos de amor, eso es lo que te llegará.

**Mantén pensamientos de positividad
y optimismo para mejorar tu vida.
Los pensamientos de amor te llevarán a tener más amor**

Tu actitud es tu manera de ser; si no te gustan los resultados que estás obteniendo, cambia tu actitud. Con una actitud positiva puedes cambiar no solo tu vida, sino también la vida de las personas con las que interaccionas cada día. Si mantienes una actitud de agradecimiento hacia todo lo que te llega y hacia todas las personas con las que te relacionas, notarás que mejora tu existencia. Si eres responsable de todos tus actos y te desenvuelves de manera proactiva hacia todo lo que te rodea, personas, naturaleza, medio ambiente, instituciones, economía y trabajo, seguro que vas a convertirte en el cambio positivo que quieres ver en el mundo.

**Manteniendo una actitud positiva puedes ser tú el
cambio que quieres ver en el mundo. Agradece todo
lo que te llega y mejorarás tu vida**

Manteniendo la confianza vista desde sus tres vertientes, confiar en ti mismo, confiar en los demás y tener esperanza (confiar en que todo va a salir bien), es la manera en la que vas a conseguir consolidar ese compromiso contigo mismo y con la sociedad para contribuir a una causa más grande que tú. La confianza es tener fe, fe en lo que no ves y aun así, quieres confiar. Confiar sin ver. Confiar en que todo lo que llega a tu vida es lo mejor para ti, por malo que parezca. Confía en la intención positiva de todo lo que te acontece. Confiando desde el amor a la vida y a todo lo que la envuelve.

Confía en que todo lo que llega a tu vida es lo mejor para ti
Confía desde el amor y tendrás más momentos de felicidad

Vivir desde el amor, para mí, es vivir teniendo pensamientos positivos, llenos de optimismo que posibiliten mantener una actitud positiva y proactiva, consiguiendo así una confianza plena en ti mismo, en los demás y en lo que todavía no ves, para poder realizar las acciones necesarias que te lleven a conseguir unos resultados acordes con tu nivel de conciencia amorosa.

Vive desde el amor teniendo pensamientos positivos,
con buena actitud y confiando.
Llena tu vida de amor hacia todo lo que te rodea
y notarás cómo tu vida mejora en todos los sentido

En el libro *El arte de amar*, Erich Fromm cuenta, concretamente en el prefacio, cuál es la finalidad de el arte de amar:

> *Su finalidad es convencer al lector de que todos sus intentos de amar están condenados al fracaso, a menos que procure, del modo más activo, desarrollar su personalidad total, en forma de alcanzar una orientación productiva; y de que la satisfacción en el amor individual no puede lograrse sin la capacidad de amar al prójimo, sin humildad, coraje, fe y disciplina.*

Yo quiero resaltar que la satisfacción en el amor a ti mismo no la puedes lograr si no amas a tu prójimo, si no tienes humildad, si no le pones coraje, si no tienes fe y si no eres disciplinado. El amor como tal requiere del conocimiento de su teoría y también de la experimentación de su parte práctica. Por ello mi insistencia en aprender a amar. Dicen que la práctica hace al maestro. Pues en este caso también es así: a amar se aprende amando. El amor es una de las necesidades básicas que tienes como persona. Si a un niño cuando nace le das agua y comida pero no le das amor, no va a tener una esperanza de vida muy larga o va a adquirir una enfermedad mental en el futuro. Hay estudios científicos que lo demuestran.

De ahí la importancia de expresar el amor en cada acto que realizas y la necesidad de convertir el amor en un fenómeno social que una a las personas.

Para concluir, quiero mencionar algunas de las diferentes maneras de amar que se pueden extraer de este libro. Mediante pequeños gestos de amor puedes realizar grandes cambios en el mundo. Ya sabes, si tú cambias, todo puede cambiar. Tan solo te presento 57 maneras de amar. Estoy seguro que a ti se te ocurrirán muchas más.

Diferentes Maneras de Amar

1. Pon atención a tus pensamientos para mejorarlos.
2. Aplica el efecto positividad a lo que hagas.
3. Cultiva el humor y ríe a carcajadas por lo menos cinco veces al día.
4. Busca tener emociones positivas.
5. Cambia tus pensamientos pesimistas por optimistas.
6. Piensa en lo mejor y espera solo lo mejor.
7. Sé generoso con todo el mundo.
8. Háblate de manera positiva.

9. Sonríe cada vez que te cruces con alguien.
10. Relaciónate con una actitud amable.
11. Busca aprender algo cada día.
12. Vive el momento. Aquí y ahora.
13. Haz siempre el bien.
14. Ayuda a los demás.
15. Consigue tus propósitos.
16. Agradece todo lo que tienes.
17. Expresa gratitud a tus seres queridos.
18. Sé proactivo en tus decisiones.
19. Responsabilízate de tus actos.
20. Dales buenas noticias a los demás.
21. Confía en lo que haces.
22. Escucha activamente a los demás.
23. Confía en los demás.
24. Renuncia ser una víctima, conviértete en protagonista.
25. Saluda a todas las personas con las que te cruces.
26. Recuerda los nombres de la gente que conoces.
27. Haz regalos inesperados.
28. Reparte abrazos a tus conocidos.
29. Haz elogios sinceros a tus conocidos.
30. Permítete fallar alguna vez.
31. Interésate por los demás recordando sus cumpleaños.
32. Habla bien de las personas ausentes.
33. Reconoce tus errores.
34. Di siempre la verdad.
35. Cumple tus promesas.
36. Entiende que el otro lo hace todo, lo mejor que sabe.
37. Olvida las ofensas, perdona siempre.
38. Trata de complacer a tus conocidos.
39. Contesta a todos tus mensajes y llamadas.
40. Juega con los niños.
41. La felicidad está en tu interior, los demás no pueden dártela.
42. Visita regularmente a los enfermos conocidos.
43. Sé puntual a tus citas.
44. Expón tus razones de manera asertiva.

45. Corrige los errores de manera suave.
46. Sé paciente con los demás.
47. Cuenta a los demás las cosas buenas que dicen de ellos.
48. Demuestra empatía.
49. Reconoce las emociones de los demás.
50. Comparte todo lo que tienes.
51. Mira todas las cosas con humildad.
52. Ten sentimientos de bondad hacia todo el mundo.
53. No ensucies el planeta, sé ecológico.
54. Busca siempre hacer felices a los demás.
55. Expresa amor a todo lo que te rodea.
56. Ama tanto las luces como las sombras de los demás.
57. Busca tener relaciones basadas en el amor.

En lo más profundo de tu ser hay una fuente de amor: permite que ese amor que llena tu corazón salga de ti en multitud de formas y retorne a ti engrandecido. Cuanto más amor das, más estás dispuesto a recibir. El amor que das expresa tu estado de ánimo interno, cómo te tratas y percibes, de la misma manera que tratas a todo lo que te rodea. Todo lo que inicias lo realizas con amor, tu trabajo, tus relaciones, tu familia, tu economía, todo lo tratas con amor y todo lo aceptas con amor. Tu compromiso con el amor hace que tengas una vida más próspera y dichosa. Vivir es un tránsito que tienes que hacer hasta llegar evolucionado a un plano existencial superior. Viviendo desde el amor te será más fácil y rápido llegar a él

ÍNDICE DE EJERCICIOS

Los pensamientos

1. Afirmaciones positivas.	34
2. Declaraciones.	35
3. Cambiar creencias.	40
4. Afirmaciones delante del espejo.	42
5. Pasar del pesimismo al optimismo.	44
6. Distracción.	45
7. Discutir con tus pensamientos.	46
8. Conseguir tus metas.	51
9. El mejor yo futuro posible.	53
10. Tu día ideal.	53
11. Fíjate en los obstáculos que te pones.	56
12. Practica la generosidad.	56
13. Háblate de forma positiva.	59
14. Utiliza una visualización positiva.	60
15. Relaciónate con personas positivas.	60
16. Ingiere alimentos mentalmente positivos.	60
17. Escoge una formación y un desarrollo positivos.	61
18. Proponte aprender algo nuevo.	61
19. Ten hábitos de salud positivos.	61
20. Mantén unas expectativas positivas.	62

Actitud

21. Piensa solo en lo bueno.	82
22. Busca el aprendizaje.	83

23. Pon el foco en la solución. 83
24. Vive el presente. 84
25. Planifica tus metas. 85
26. Actúa. 85
27. Haz ejercicios de relajación. 86
28. Presta atención a los demás. 86
29. Sé tú mismo. 87
30. Visiona una película de risa. 88
31. Mantén una actitud positiva ante la enfermedad. 89
32. Escribe al menos tres cosas positivas. 90
33. Relaciónate con una actitud positiva. 91
34. Supera eso que no te atreves. 92
35. Escribe un diario de gratitud. 94
36. Ten sentimientos de gratitud. 95
37. Expresa gratitud a una persona. 95
38. Realiza una visita de agradecimiento. 96
39. Cambia la estrategia de gratitud. 96
40. Registra todas tus decisiones. 101
41. Fíjate en el lenguaje que utilizas. 102
42. Escribe una nota. 103
43. Analiza la situación y actúa de manera proactiva. 103
44. Busca una explicación positiva 103
45. Nútrete de manera responsable. 109
46. Cambia tu forma de ver las cosas. 110
47. Reúnete contigo mismo. 111
48. Sé responsable en tu trabajo. 112
49. Ahorra. 112
50. Deja de ver noticias. 113
51. Compra productos de proximidad. 114

Confianza

52. ¿Qué me gusta? 124
53. No desistas. 124
54. Escucha a los demás. 125
55. Calla tu diálogo interno. 125

56. Piensa en lo peor.	126
57. Sé el protagonista.	126
58. Aprende a decir NO.	126
59. Sonríe cuando saludas.	129
60. Mira a los ojos.	129
61. Da la mano con firmeza.	129
62. Toca el brazo de tu interlocutor.	129
63. Asiente constantemente.	130
64. Haz un regalo inesperado.	130
65. Pide un consejo.	130
66. Da un abrazo.	130
67. Sé sincero.	130
68. Demuestra tu competencia.	131
69. No juzgues.	131
70. No critiques.	132
71. Haz elogios sinceros.	132
72. Interésate por los demás.	132
73. Llámale por su nombre.	133
74. Haz que se sienta importante.	133
75. Admite tus equivocaciones.	133
76. Practica la empatía.	134
77. Comprométete a hacer algo.	138
78. Conéctate.	138
79. Visualiza tus resultados.	139
80. Toma acción y celebra tus logros.	140
81. Proponte hablar con un desconocido.	143
82. Cada semana llama a un conocido.	144
83. Practica regularmente ejercicios de meditación.	144
84. Haz un listado de seis nuevas experiencias.	145
85. Visita al anciano de la cueva.	146
86. Escribe una carta con la decisión.	147
87. Quédate en silencio.	147
88. Escribe frases positivas.	148
89. Trabaja con un plan de acción.	149
90. Imagina que ya has alcanzado el objetivo.	149
91. Lo peor no ha llegado aún.	150

92. Listado de 3 hechos negativos.   150
93. Cuando una puerta se cierra.   150
94. No te regodees de tu mala fortuna.   151

Amor

95. Combate la grosería con amor.   170
96. Cuestiona tus miedos.   172
97. Busca la parte positiva.   172
98. Fórmula para gestionar miedos.   173
99. Sé consciente del miedo y responsabilízate.   173
100. Permítete sentir el miedo.   173
101. Deja de alimentar tu miedo.   174
102. Cuestiona tu amor.   177
103. Elimina tus resistencias al amor.   177
104. Amar para ser amado.   178
105. Deja de juzgar el amor.   178
106. Cuida el amor.   179
107. Recoger joyas.   191
108. Carta de perdón.   194

BIBLIOGRAFÍA

ALCAIDE, Francisco y CHICA, Laura, *Tu futuro es hoy*, Alienta
ANDRÉ, Christophe, *Los estados del ánimo*, Kairos
AVIA, Mª Dolores, y VÁZQUEZ, Carmelo, *Optimismo inteligente*, Alianza
BERCHÉ CRUZ, Javier, *Los alumnos con alta capacidad intelectual y talentosos*
CARNEGIE, Dale, *Cómo ganar amigos e influir sobre las personas*, Hermes
CHAVARRÍA, Mª Ángeles, *Búsqueda y desarrollo del talento*, Esic
CHICA, Laura, *¿Quién eres tú?*, Alienta
COVEY, Sean, *Los 7 hábitos de los adolescentes altamente efectivos*, Random Hosuse Mondadori
DAVÓ, Raquel y DÍAZ, Miguel Ángel, *Feeling, inteligencia emocional aplicada a la venta*, Kolima
DISPENSA, Joe, *El placebo eres tú*, Urano
D'ORS, Pablo, *Biografía del silencio*, Siruela
Dyer, Wayne, *El poder de la intención*, Grijalbo
DYER, Wayne, *Tus zonas erróneas*, Random House Mondadori.
FERNÁNDEZ, Sergio, *Vivir con abundancia*, Plataforma Editorial
GÓMEZ, Rosario, *Cuentos con alma*, Gaia
GUARNIERI, Silvia y ORTÍZ DE ZÁRATE, Miriam, *No es lo mismo*, LID
GUERRA CÁCERES, Juan, *150 cuentos para ser feliz*, Obelisco
GUILLEM, Vicent, *La Ley del amor*, Grafo Impresores S.L. HARV EKER, T., *Los secretos de la mente millonaria*, Sirio
HAY, Louise L., *Afirmaciones*, Urano
HENRIC-COLL, Michel, *La organización Fractal*, Fractal Teams
IRIONDO, Javier, *Donde tus sueños te lleven*, Oniro
IRIONDO, Javier, *Un lugar llamado destino*, Zenith
JUNQUERA, Francisco J., *Coaching, ciencia y salud*, LID
LYUBOMIRSKY, Sonja, *La ciencia de la felicidad*, Urano
NHAT HANH, Thich, *Felicidad*, Kairós

Robbins, Jairek, *Vívelo*, Máximo Potencial
Robinson, Ken y Aronica, Lou, *El elemento*, Penguin Random House
Rojas, Enrique, *El amor inteligente*, Círculo de lectores
Rojas Marcos, Luis, *Convivir*, Aguilar
Romero, G., Viñas, I., Meléndez, D., Valbuena, J.R. y otros, *Emprender con Valor*, Círculo Rojo
Salvat, Marta, *Tú eres yo*, Calidad Gráfica S.L.
Samsó, Raimón, *Coaching para milagros*, Balboa Press
Samsó, Raimón, *Taller de amor*, Obelisco
Sánchez Pérez, Alicia, *Tus deseos te están esperando*, Sirio
Stone, Gene, *Los secretos de las personas que nunca enferman*, Planeta
Tracy, Brian, *¡Bese a ese sapo!*, Empresa activa
Velayos, Javier, *Cuarto creciente*, Albores
Vilaseca, Borja, *El principito se pone la corbata*, Temas de hoy
Williamson, Marianne, *Espera un milagro cada día*, Urano
Williamson, Marianne, *Luz para el camino*, Urano
Williamson, Marianne, *Volver al amor*, Urano

Webs que me han inspirado

Alcaide Hernández, Francisco
 franciscoalcaide.com
Benlloch, Arnau, «100 maneras de conectarse a la fuente»
 levante-emv.com
Benlloch, Arnau, «Inspiración para el cambio»
 arnaubenlloch.com
Chavarría, María Ángeles, «Mirar con palabras»
 mirarconpalabras.com
Chica, Laura, «Talento Emocional»
 laurachica.com
Davó, Raquel
 raqueldavo.com
Díaz, Miguel Ángel
 miguelangeldiaz.net

Escuela Europea de Coaching
blog.escuelacoaching.com
Fernández, Sergio
pensamientopositivo.org
Gastaldo, Fernando
coach-on.es
Iriondo, Javier, «El blog de Javier Iriondo»
javieririondo.es
López, Rosybel
imagenpluscoaching.com
Meléndez, Daniel
alegriacoaching.es
Mendoza, Lola y Romero, Miguel Ángel
formacionparaformadores.com
Ortíz de Zarate, Miriam
miriamortiz.es
Piera, Darío
excelentemente.com
Roura, Mercè, »La rebelión de las palabras»
mercerou.wordpress.com
Sales, Isabel
isabelsales.com
Salvat, Marta
martasalvat.com
Sánchez, Juan Pedro
lapalancadelexito.com
Tolsá, Fina
coachandvision.com
Torremocha, Inés
inestorremocha.com
Valbuena, José Ramón
aceleratucarrera.com
Velayos, Javier
elcoachingmepone.com
Vilaseca, Borja
borjavilaseca.com

AGRADECIMIENTOS

A mis padres, Gerardo y Encarni, por darme una vida llena de amor.

A mis hermanos Sebas, José y Sonia, por los aprendizajes juntos y por ser los primeros en darme *feedback*.

A mis clientes de *coaching* y formación, por inspirarme para la escritura y haber testado los ejercicios de este libro.

A Arnau Benlloch, María Ángeles Chavarría y Javier Iriondo. Sin vuestra ayuda hubiese sido más difícil la finalización y publicación.

A mis compañeros de La Akademia Valencia, Desata Tu Potencial, la Fundación Javier Berché, la Universidad del Bienestar y la Escuela Europea de Coaching, por contribuir a mi crecimiento personal.

A mis alumnos, niños y jóvenes, de la Fundación Javier Berché, por darme tanta sabiduría.

A todos mis amigos, por hacerme partícipe de su amistad, viviendo desde el amor.

www.ingramcontent.com/pod-product-compliance
Lightning Source LLC
Chambersburg PA
CBHW071704090426
42738CB00009B/1661